Huebers
Grammatik-ABC
Englisch

herausgegeben von

LEXUS

mit
Reinhold Trott

MAX HUEBER VERLAG
MÜNCHEN

Deutschsprachige Ausgabe
Max Hueber Verlag München 1984

© RICHARD DREW PUBLISHING LTD.
AND LEXUS LTD. 1984

Druck: Cox & Wyman Ltd.
Printed in Great Britain

ISBN 3-19-006333-8

IHR GRAMMATIK-ABC

vermittelt die grammatischen Grund-
kenntnisse, die Sie beim Erlernen der
englischen Sprache brauchen. Eine
alphabetisch geordnete Liste gibt in einfacher,
verständlicher Form Auskunft über:

* so wichtige Gebiete der Grammatik wie
  Zeiten, Verlaufsform, indirekte Rede,
  Gerundium, Partizip, Modalverben u.a.
* Wörter wie 'some', 'any', 'someone', 'anyone'
* unregelmäßige Verben
* englische Wortstellung
* den sprachlich richtigen Gebrauch von
  Monatsnamen, Wochentagen, Datums-
  und Zahlenangaben
* und noch vieles dazu

IHR GRAMMATIK-ABC

ist benützerfreundlich und erleichtert das
Lernen durch die alphabetische Anordnung.
Wollen Sie sich z.B. über den Gebrauch des
Artikels informieren, so schlagen Sie unter
'the' and 'a' nach; zusätzlich findet sich unter
'Artikel' ein Querweis (s. THE und A). Wenn
unterschiedliche Ausdrücke für dieselbe
grammatische Erscheinung gebräuchlich sind
(z.B. 'continuous form', 'progressive form',
'Verlaufsform'), zeigen Querverweise (z.B.
's. Verlaufsform'), wo Sie die gewünschte
Information finden. Erscheint ein Wort in
BLOCKSCHRIFT, so bedeutet dies, daß Sie es an
anderer Stelle nachschlagen und mehr darüber
erfahren können.

IHR GRAMMATIK-ABC eignet sich

besonders:

als Lernbegleiter
zum Selbststudium
zur Prüfungsvorbereitung
zum schnellen Nachschlagen

a, an bezeichnet den unbestimmten Artikel

◆ I *Formen*

'a' (unbetont [ə], betont [eɪ]) steht vor
Konsonanten (auch vor [j]!), 'an' (unbetont [ən],
betont [æn]) vor Vokalen und stummem 'h':

a hat	**an hour** [aʊə]
ein Hut	eine Stunde
a unit [juːnɪt]	**an uncle**
eine Einheit	ein Onkel
a nice girl	**an awful colour**
ein nettes Mädchen	eine fürchterliche Farbe

Ausnahme: **an historic** [hɪstɒrɪk] **meeting**
eine historische Begegnung

◆ II *Funktion*

Der unbestimmte Artikel wird im wesentlichen
so wie im Deutschen gebraucht. Folgende
Abweichungen sind zu beachten:

1. im Gegensatz zum Deutschen steht der
unbestimmte Artikel zur Bezeichnung von Beruf,
Nationalität, Partei, Religion:

> **I'm a teacher**
> ich bin Lehrer
> **he's a Welshman**
> er ist Waliser
> **he was a socialist**
> er war Sozialist
> **he is a Christian**
> er ist Christ

2. nach **as** und **for** in der Bedeutung 'als':

> **dressed as a woman**
> als Frau gekleidet
> **we use it as a spare bedroom**
> wir benutzen es als Extraschlafzimmer

....

3. in bestimmten Redewendungen:
   I've got a headache
   ich habe Kopfschmerzen
   I am in a hurry
   ich habe es eilig
4. nicht *direkt* vor Wörtern wie 'scissors' und 'information' (siehe PAARIGE GEGENSTÄNDE und nicht zählbare SUBSTANTIVE):
   a pair of scissors
   eine Schere
   a piece of information
   eine Information
5. in einigen Fällen fehlt im Englischen der unbestimmte Artikel:
   some weather today!
   ein Wetter ist das heute!
   the heat there was just incredible!
   da war vielleicht eine Hitze!

able: to be able to
Hilfsverb mit Infinitiv (deutsch 'können', 'fähig sein'); dient auch als Ersatzverb für CAN:
   I'm afraid I'm not able to say
   das kann ich leider nicht sagen
   I'd like to come but I don't think I'll be able to ich würde gern kommen, aber ich glaube nicht, daß ich kann

Adjektiv (*adjective*)
Das Adjektiv hat wie im Deutschen attributive, prädikative und substantivische Funktion. Die Form bleibt unverändert.

◆ I *attributive Funktion*
1. Stellung vor dem Substantiv:
   an expensive car
   ein teures Auto
Städtenamen können in unveränderter Form als Adjektive benutzt werden:
   a London policeman
   ein Londoner Polizist

2. Stellung nach dem Substantiv:

proper im Sinne von 'eigentlich'
> **the City of London proper**
>> die eigentliche City von London

als Bestandteil von festen Ausdrücken:
> **the president elect**
>> der gewählte noch nicht in sein Amt eingeführte Präsident
> **from time immemorial**
>> seit Urzeiten

3. weitere Möglichkeiten:
> **the only book available** *oder* **the only available book**
>> das einzige verfügbare Buch
> **the shortest answer possible** *oder* **the shortest possible answer**
>> die kürzest mögliche Antwort
> **that's much too high a figure**
>> das ist eine viel zu hohe Zahl
> **we've never had a summer as dry as this** *oder* **we've never had as dry a summer as this** wir hatten noch nie einen so trockenen Sommer wie diesen

◆ II *prädikative Funktion*

Das Adjektiv steht nach dem Verb **to be** oder Verben, die Wahrnehmungs- und Sinneseindrücke wiedergeben: **to seem, to look, to sound, to smell, to feel** etc.:
> **he looks tired**
>> er sieht müde aus
> **it smells good**
>> es riecht gut

afraid, alike, alone, asleep, awake u.a. kommen nur in prädikativer Form vor. Oft werden sie im Deutschen verbal übersetzt:
> **I'm afraid**
>> ich habe Angst
> **they're asleep**
>> sie schlafen

◆III *substantivische Funktion*

1. im Deutschen substantivierte Adjektive erhalten im Englischen ein Substantiv als Stützwort: bei Personen **man/woman**, Plural **people**; bei Sachen **thing**:

> **a rich man**
> ein Reicher
> **the good thing about it**
> das Gute daran

Das Stützwort entfällt:

a) nach abstrakten Begriffen:

> **the good, the bad, and the ugly**
> das Gute, das Schlechte und das Häßliche

b) wenn das Adjektiv einen Personenkreis in seiner Gesamtheit bezeichnet:

> **the rich**
> die Reichen (*die Gesamtheit*)
> *aber:* **rich people**
> Reiche (*einzelne*)

c) nach Pronomen wie **something, nothing, anything, everything**:

> **something very unusual**
> etwas sehr Ungewöhnliches
> **nothing new**
> nichts Neues

2. **one** (Plural **ones**) dient dazu, die Wiederholung eines Substantivs zu vermeiden:

> **which car do you mean, the red one or the blue one?** welches Auto meinst du, das rote oder das blaue?

Adverb (*adverb*) Man unterscheidet ursprüngliche Adverbien ('soon') und solche, die von Adjektiven abgeleitet sind ('quickly')

◆I *Bildung der abgeleiteten Adverbien*

Die Bildung erfolgt durch Hinzufügung des Suffixes **-ly** an das Adjektiv. Folgendes ist dabei zu beachten:

1. auslautendes **-y** wird vor **-ly** zu **-i-**:

> **happy→happily**

2. auslautendes **-le** wird durch **-ly** ersetzt:
possible→possibly

3. auslautendes **-ic** wird zu **-ically** erweitert:
economic→economically
Ausnahme: **public→publicly**

4. Besonderheiten gelten bei:

due→duly	**true→truly**
whole→wholly	**full→fully**

5. Adjektive auf **-ly** werden Teil eines präpositionalen Ausdrucks:
in a friendly manner
freundlich

6. in einigen wenigen Fällen kann die Adjektivform gleichzeitig als Adverb fungieren:
a fast train
ein schneller Zug
the train goes fast
der Zug fährt schnell
an early riser
ein Frühaufsteher
he got up early
er stand früh auf

Z.T. ergeben sich Bedeutungsunterschiede zwischen der adverbiell gebrauchten Adjektivform und dem mit '-ly' gebildeten Adverb:
pretty useless
ziemlich nutzlos
prettily dressed
hübsch angezogen
he works hard
er arbeitet hart
he hardly works
er arbeitet kaum

7. das Adverb von **good** is **well**. 'Well' kann aber auch ein eigenständiges Adjektiv mit anderer Bedeutung sein:
I know him well
ich kenne ihn gut
I'm not well
ich fühle mich nicht gut

◆ II *Funktion der Adverbien*

Adverbien dienen zur näheren Bestimmung eines Verbs, eines Adjektivs oder eines anderen Adverbs:

> **she was walking slowly**
> sie ging langsam
>
> **it has been awfully hot this week**
> diese Woche war es schrecklich heiß
>
> **she did her job extremely well**
> sie hat ihre Aufgabe außerordentlich gut erledigt

◆ III *Stellung des Adverbs im Satz*

Adverbien, die ein Adjektiv oder ein Adverb näher bestimmen, stehen unmittelbar vor diesen (s. Beispiel unter II). Für Adverbien, die ein Verb näher bestimmen, gibt es im wesentlichen drei Möglichkeiten:

1. zwischen Subjekt und Verb:
> **I completely forgot about it**
> ich habe es ganz vergessen

2. zwischen Hilfs- und Vollverb:
> **I had completely forgotten about it**
> ich hatte es ganz vergessen

3. nach dem Verb bzw. Objekt:
> **I forgot about it completely**
> ich habe es ganz vergessen
>
> **I had forgotten about it completely**
> ich hatte es ganz vergessen

Well und **fast** stehen immer nach dem Verb:
> **he drove very fast on the motorway**
> er fuhr sehr schnell auf der Autobahn
>
> **our team played very well today**
> unsere Mannschaft hat heute sehr gut gespielt

4. bei verneinten Hilfsverben steht das Adverb meistens nach dem Verb bzw. Objekt:
> **he didn't understand me correctly**
> er hat mich nicht richtig verstanden
>
> **I couldn't hear properly**
> ich konnte nicht richtig hören

jedoch zu beachten:

> **I didn't immediately believe him** *oder* **I**
> **didn't believe him immediately**
> ich habe ihm nicht sofort geglaubt
> **I don't normally smoke** *oder* **I don't smoke**
> **normally** normalerweise rauche ich nicht

5. Zeitadverbien stehen wie ADVERBIALE
BESTIMMUNGEN DER ZEIT am Anfang oder am Ende
des Satzes:

> **yesterday it rained all day**
> gestern hat es den ganzen Tag geregnet
> **it rained all day yesterday**
> es hat gestern den ganzen Tag geregnet

adverbiale Bestimmungen des Ortes und der Zeit stehen in der Regel hinter einem Verb oder hinter dem Objekt eines Verbs:

> **he left yesterday**
> er ist gestern abgefahren
> **I woke up at five**
> ich bin um fünf aufgewacht
> **Bob met her in the supermarket**
> Bob hat sie im Supermarkt getroffen

Manchmal kann die adverbiale Bestimmung auch
am Anfang des Satzes stehen, wenn die
Betonung es verlangt. Sie wird dann oft durch ein
Komma abgetrennt:

> **in America, you can hardly get anywhere**
> **without a car**
> in Amerika kommt man ohne Auto kaum
> irgendwohin
> **and then, at midnight, it started**
> und dann um Mitternacht ging es los

Wenn im selben Satz eine adverbiale
Bestimmung des Ortes *und* der Zeit vorkommen,
so gilt als Richtlinie, daß die adverbiale
Bestimmung der Zeit am Satzende stets richtig
ist, aber daß sie oft auch an anderen Stellen
stehen kann:

....

I'll meet you outside the pub at 3 o'clock
oder **at 3 o'clock outside the pub**
ich treffe dich um 3 Uhr vor der Kneipe

aber:

I have to be there by one
ich muß bis eins da sein

Akkusativ S. DIREKTES OBJEKT

all Indefinitpronomen und Adverb

◆I *Indefinitpronomen*
  1. im Singular (deutsch 'all', 'ganz')
a) vor einem Substantiv; zwischen 'all' und das
Substantiv tritt meist der Artikel oder ein
anderes Pronomen:

he drank all the wine that was left
er trank den ganzen Wein, der noch übrig
war

I don't want all that trouble
ich will diesen ganzen Ärger nicht

she spent all (of) her money on clothes
sie gab ihr ganzes Geld (all ihr Geld) für
Kleidung aus

b) alleinstehend (deutsch 'alles'):

he knows all about it
er weiß alles darüber

that's all (that) I can tell you
das ist alles, was ich Ihnen sagen kann

  2. im Plural (deutsch 'alle')
a) vor einem Substantiv; wenn das Substantiv
näher bestimmt ist, tritt ein Artikel, ein
Pronomen oder ein Zahlwort hinter 'all':

all workers will get a bonus
alle Arbeiter werden eine Prämie
bekommen

I can't read all the books on this subject
ich kann nicht alle Bücher über dieses
Thema lesen

all the taxis on the street
alle Taxis auf der Straße

b) alleinstehend (deutsch 'alle'):
    they were all upset
      sie waren alle bestürzt

◆ II *Adverb*
  1. deutsch 'ganz':
    your face is all dirty
      dein Gesicht ist ganz schmutzig
    I'm all ears
      ich bin ganz Ohr
  2. 'all the' (deutsch 'um so'):
    I like him all the better for it
      ich mag ihn dafür um so lieber
    it's working all the better now
      es funktioniert jetzt um so besser

allowed: to be allowed to Hilfsverb mit der Bedeutung 'dürfen'; es tritt als Ersatzverb für MAY ein:
    I wasn't allowed to
      ich durfte nicht

Alphabet Die einzelnen Buchstaben werden folgendermaßen ausgesprochen:
a [eɪ] **b** [biː] **c** [siː] **d** [diː] **e** [iː] **f** [ef] **g** [dʒiː] **h** [eɪtʃ] **i** [aɪ] **j** [dʒeɪ] **k** [keɪ] **l** [el] **m** [em] **n** [en] **o** [əʊ] **p** [piː] **q** [kjuː] **r** [ɑː] **s** [es] **t** [tiː] **u** [juː] **v** [viː] **w** [dʌbljuː] **x** [eks] **y** [waɪ] **z** [zed] *oder* amerikanisch [ziː].
  Die Verdoppelung eines Buchstaben in einem Wort wird beim Buchstabieren durch ein vorgesetztes 'double' [dʌbl] ausgedrückt:
    bill [biː-aɪ-dʌblel]

also s. AUCH

Alter einige nützliche Redewendungen:
    how old are you?
      wie alt bist du?
    I'm twenty-one
      ich bin einundzwanzig
    when I was twenty-one
      mit einundzwanzig

I'll be fifty-five next Wednesday
  ich werde nächsten Mittwoch
  fünfundfünfzig
a twelve-year-old boy
  ein zwölfjähriger Junge
when I was your age
  als ich in deinem Alter war
when you get to my age
  wenn du in mein Alter kommst
when were you born?
  wann sind Sie geboren?

another s. OTHER

any Indefinitpronomen

◆I *adjektivisch*
  1. in bejahten Sätzen:
  a) 'jeder (beliebige)':
      any fool can do that
        das kann doch jeder
  b) einschränkend:
      any people who come late ...
        alle, die zu spät kommen, ...
  2. in Frage- und Bedingungssätzen: 'irgendein',
  'etwas', im Plural meist unübersetzt:
      is there any tea left?
        ist noch etwas Tee übrig?
      have we got any potatoes?
        haben wir Kartoffeln?
      we don't want just any (old) solution
        wir wollen nicht nur irgendeine Lösung
      which one? – any one will do
        welchen? – es ist egal
  Zur Verwendung von 'some' statt 'any'
s. SOME
  3. in verneinten Sätzen: 'kein':
      I don't need any help
        ich brauche keine Hilfe
      aren't there any matches left?
        gibt es keine Streichhölzer mehr?

◆ II *alleinstehend*
1. in Frage- und Bedingungssätzen und in verneinten Sätzen:

I'd lend you some money if I had any
ich würde dir Geld leihen, wenn ich welches hätte

I need some stamps, do you have any?
ich brauche Briefmarken, hast du welche?

2. in bejahten Sätzen wie folgt:

any that are left over you can have
du kannst alle haben, die übrig sind

anybody, anyone
Indefinitpronomen: in bejahten Sätzen 'jeder (beliebige)', in Frage- und Bedingungssätzen '(irgend) jemand', in verneinten Sätzen 'niemand':

he would have got on anybody's nerves
er wäre jedem auf die Nerven gefallen

I don't know anybody here
ich kenne hier niemand

does anybody know where he lives?
weiß jemand, wo er wohnt?

I would be surprised if anybody answered the advert es würde mich überraschen, wenn irgend jemand auf die Anzeige reagierte

Merke: **anybody who believes that ...**
wer das glaubt, ...

anything
Indefinitpronomen: in bejahten Sätzen 'alles (beliebige)', in Frage- und Bedingungssätzen '(irgend) etwas', in verneinten Sätzen 'nichts':

he'll put up with anything
er wird sich mit allem abfinden

have you heard anything about your application? hast du etwas von deiner Bewerbung gehört?

if I knew anything about it, I would tell you wenn ich etwas darüber wüßte, würde ich es dir sagen

....

he's not doing anything
er tut nichts

anything I say will only make it worse
egal, was ich sage, ich mache es nur noch
schlimmer

Zur Verwendung von 'something' statt
'anything' s. SOMETHING

anywhere Indefinitpronomen: in bejahten
Sätzen 'überall (hin), an einem (einen) beliebigen
Ort', in Frage- und Bedingungssätzen
'irgendwo(hin)', in verneinten Sätzen 'nirgends',
'nirgendwohin':

I'd go anywhere if I was offered a job
ich würde überall hingehen, wenn mir eine
Stelle angeboten würde

where shall I put it? – anywhere you like
wo soll ich es hintun? – wo du willst

if you see him anywhere ...
wenn du ihn irgendwo siehst, ...

have you seen my passport anywhere?
hast du irgendwo meinen Paß gesehen?

I couldn't find them anywhere
ich konnte sie nirgends finden

Artikel s. THE und A

as ... as s. STEIGERUNG

as if, as though steht mit Infinitiv oder leitet
einen Nebensatz ein:

1. mit Infinitiv (deutsch 'als wollte'):

   he rose as if to go
   er erhob sich, als wollte er gehen

2. zur Einleitung eines Nebensatzes (deutsch
'als ob'):

a) mit folgendem Präteritum bei Gleichzeitigkeit
der Handlung in Haupt- und Nebensatz:

   it sounded as though he was angry
   es klang so, als wenn er verärgert wäre

Statt 'was' kann in der 1. und 3. Person auch
'were' stehen; s. KONJUNKTIV

b) mit folgendem Plusquamperfekt, wenn die
Handlung des Nebensatzes zeitlich vor der des
Hauptsatzes liegt:

> **they looked at me as if I had said
> something indecent** sie sahen mich an,
> als ob ich etwas Unanständiges gesagt
> hätte

as well s. AUCH 3

auch hat im Englischen verschiedene
Entsprechungen:

   1. **also** (meist zwischen Subjekt und Verb):
> **I also went to London**
> ich fuhr auch nach London

'Also' kann sich sowohl auf das Satzganze
beziehen (ich verbrachte die meiste Zeit an der
Küste, aber ich fuhr auch einmal nach London)
oder auf 'to London' (ich fuhr nach Oxford und
auch nach London)
Merke: in der Schriftsprache:

> **I also went to London**
> auch ich fuhr nach London

   2. **too**
> **I went to London too**
> ich fuhr auch nach London

Wie im Deutschen kann das Englische sowohl
'neben anderen Städten besuchte ich auch
London' heißen als auch 'ich bin auch nach
London gefahren, wie alle anderen'.
In der Schriftsprache verwendet man auch:

> **I too went to London**
> auch ich fuhr nach London

   3. **as well** steht am Satzende:
> **I went to London as well**
> ich fuhr auch nach London (*Bedeutung wie*
> 'I went to London too')

   4. **so+Hilfsverb+Subjekt** diese Konstruktion
bezieht sich auf einen vorangehenden Satz:

> **I'm tired – so am I**
> ich bin müde – ich auch

....

Oliver goes to school by bus – so does Paul Oliver fährt mit dem Bus zur Schule – Paul auch

I would like to meet him – so would I ich würde ihn gern kennenlernen – ich auch

my father's been to Mexico – so has mine mein Vater war schon in Mexiko – meiner auch

I had a cold – so did I ich hatte eine Erkältung – ich auch

5. **neither/nor** s. VERNEINUNG 2

6. **either** steht am Ende eines verneinten Satzes, der sich auf einen gleichfalls verneinten vorangehenden Satz bezieht:

I didn't allow him to use the old car, and I'm not going to let him use the new one either ich habe ihm nicht erlaubt, den alten Wagen zu benutzen, und ich werde auch nicht zulassen, daß er den neuen benutzt

Merke: Ist der vorangehende Satz bejaht, so kann 'either' nicht benutzt werden:

he's allowed to use the old car, but I won't let him use the new one as well er darf den alten Wagen benutzen, aber ich werde nicht zulassen, daß er den neuen auch noch benutzt

auxiliaries s. HILFSVERBEN

to be Voll- und Hilfsverb

◆ I *Formen*

Präsens	Kurzform
I am	I'm
you are	you're
he/she/it is	he's/she's/it's
we are	we're
you are	you're
they are	they're

Frage

am I?	are we?
are you?	are you?
is he/she/it?	are they?

Verneinung	*Kurzform*
I am not	I'm not
you are not	you aren't *oder* you're not
he/she/it is not	he/she/it isn't
	oder he's/she's/it's not
we are not	we aren't *oder* we're not
you are not	you aren't *oder* you're not
they are not	they aren't *oder* they're not

s. auch FRAGEANHÄNGSEL

Merke: Die Kurzform der verneinten Frage zu 'am I?' lautet 'aren't I?'

Präteritum

	Verneinung	*Kurzform*	*Frage*	
I				I?
he				he?
she	was	was not	wasn't	was	she?
it				it?
you				you?
we	were	were not	weren't	were	we?
they				they?

Partizip Perfekt: **been**
Imperativ: **be**; verneint: **don't be**
Konjunktiv: **were** in der 1. und 3. Person Singular, meistens durch 'was' ersetzt

◆ II *Anwendung*
  1. als Vollverb vor einem Adjektiv oder Substantiv:
    he's rather shy
      er ist ziemlich schüchtern
    she's a student
      sie ist Studentin
  2. als Verlaufsform mit Adjektiv zur Bezeichnung einer Verhaltensweise:

she's being silly today
  sie ist (benimmt sich) heute albern
3. zur Bildung des PASSIVS und der VERLAUFSFORM
4. mit 'to'+Infinitiv zum Ausdruck einer Verpflichtung (deutsch 'sollen'):

I am to look after my mother
  ich soll mich um meine Mutter kümmern
we were not to tell anybody about it
  wir sollten niemandem davon erzählen

5. mit 'to'+Infinitiv zum Ausdruck einer schicksalhaften Wendung in der Vergangenheit (deutsch 'sollte'):

she was never to return
  sie sollte nie zurückkehren

6. mit 'to'+Infinitiv (im Englischen Infinitiv Passiv, im Deutschen Infinitiv Aktiv):

he is to be pitied
  er ist zu bedauern
he was not to be persuaded
  er war nicht zu überreden

Bedingungssätze (conditional clauses)

bestehen aus einem mit 'if' eingeleiteten Nebensatz und einem Hauptsatz. Die Reihenfolge von Haupt- und Nebensatz ist beliebig

1. *if-Satz Präsens, Hauptsatz Futur I*
  we'll go for a picnic if it's nice weather
    wenn das Wetter schön ist, machen wir Picknick

Wenn es sich nicht um eine konkrete Handlung, sondern eine allgemeine Aussage handelt, kann im Hauptsatz auch das Präsens stehen (s. auch WHEN):

  if I don't have to go to work, I have a lie in
    wenn ich nicht zur Arbeit gehen muß, bleibe ich im Bett

Bei der Verneinung kann der Nebensatz statt mit 'if ...not' auch mit 'unless' eingeleitet werden; die Verneinung mit 'not' erübrigt sich dann:

**unless you work harder, you won't
succeed** wenn du nicht mehr arbeitest,
wirst du keinen Erfolg haben

'Unless' drückt im Gegensatz zu 'if ... not' immer
eine ausschließliche Bedingung aus ('nur unter
dieser Bedingung'). Positiv ausgedrückt hieße der
Satz:

you will only succeed if you work harder
du wirst nur Erfolg haben, wenn du mehr
arbeitest

2. *if-Satz Präteritum, Hauptsatz Präteritum*

if he asked her to marry him, he was a fool
es war dumm von ihm, wenn er sie gebeten
hat, ihn zu heiraten

Merke: Im englischen Hauptsatz sind auch
Präsens oder Futur möglich, wenn der Kontext es
erlaubt:

if he asked her to marry him, he's a fool
es war dumm von ihm, wenn er sie gebeten
hat, ihn zu heiraten

**if he accepted, he's going to have
problems** wenn er das angenommen
haben sollte, dann wird er noch Probleme
haben

3. *if-Satz Präteritum, Hauptsatz Konditional I*

**even if I did know where she was, I
wouldn't tell you** auch wenn ich wüßte,
wo sie ist, würde ich es dir nicht sagen

I would help you if I could, but I can't
ich würde dir gern helfen, wenn ich könnte,
aber ich kann nicht

Im if-Satz kann in strikt korrekter Sprache
statt 'was' in der 1. und 3. Person Singular auch
die alte Konjunktivform 'were' stehen:

I'd buy it if it weren't *oder* **wasn't so
expensive** ich würde es kaufen, wenn es
nicht so teuer wäre

if I were *oder* **was you, I wouldn't lend him
any money** an deiner Stelle würde ich ihm
kein Geld leihen

4. *if*-Satz Plusquamperfekt, Hauptsatz Konditional II

> **we would've gone for a picnic if the weather had been nicer** wir hätten Picknick gemacht, wenn das Wetter schöner gewesen wäre

Im Nebensatz kann 'had' an erster Stelle stehen; 'if' entfällt hierbei:

> **had I known about it, I would have done something to prevent it** hätte ich davon gewußt, hätte ich etwas unternommen, um es zu verhindern

Diese Möglichkeit ist in der Umgangssprache weniger gebräuchlich.

Im Hauptsatz kann auch Konditional I stehen, wenn sich die Folge der Bedingung auf die Gegenwart auswirkt:

> **we'd be having less trouble now if we hadn't bought that old car** wir hätten jetzt weniger Ärger, wenn wir das alte Auto nicht gekauft hätten

5. Bitte oder Vorschlag, Konstruktion wie Sätze unter 3:

> **I'd be very pleased if you changed your mind** ich würde mich sehr freuen, wenn du es dir anders überlegtest

6. beachte auch die folgende Konstruktion ohne 'if':

> **carry on like that and you'll get ulcers** wenn du so weitermachst, dann wirst du noch Magengeschwüre kriegen

Befehlsform s. IMPERATIV

besitzanzeigende Fürwörter s. POSSESSIVPRONOMEN

bestimmter Artikel s. THE

better, best s. STEIGERUNG

bezügliche Fürwörter s. RELATIVPRONOMEN

Bindestrich Es gibt im britischen Englisch keine allgemeine Regel dafür, wann ein zusammengesetztes Wort zusammen-, mit Bindestrich oder getrennt geschrieben wird. Folgende Richtlinien können als Anhaltspunkte gegeben werden:

1. dreiteilige Zusammensetzungen, die in der Mitte eine Präposition enthalten, werden durch Bindestriche voneinander getrennt:

good-for-nothing
Taugenichts
mother-in-law
Schwiegermutter

2. Adjektive oder Adverbien, die durch ein Partizip näher bestimmt werden, werden von diesem durch einen Bindestrich getrennt:

best-kept village competition
Dorfverschönerungswettbewerb
a well-known politician
ein bekannter Politiker
aber: **he is well known**
er ist bekannt
a typed-up contract
ein getippter Vertrag
aber: **the contract was already typed up**
der Vertrag war schon getippt

both Zahlwort und Adverb

1. Zahlwort (deutsch 'beide(s)'); der Artikel bzw. das Possessivpronomen steht hinter 'both':

both (of the) books deal with the same subject
beide Bücher behandeln dasselbe Thema
I'll take them both
ich nehme beide
he lost both (of) his parents in an accident
er hat beide Eltern durch einen Unfall verloren
both (of them) are correct
beide sind richtig

2. Adverb:
both in the Senate and in Congress
sowohl im Senat als auch im Kongreß
is it British or American? – it's both
ist es britisch oder amerikanisch? – beides

bringen hat im Englischen zwei
Entsprechungen, 'to bring' und 'to take'. 'To take'
steht für eine Bewegung vom Sprecher weg, 'to
bring' für eine zu ihm hin:
take these letters to the post-office, please
bring diese Briefe bitte zur Post
**he's bringing the letter with him when he
comes** er wird den Brief mitbringen, wenn
er kommt

but Konjunktion und Präposition
1. Konjunktion (deutsch 'aber', 'sondern'):
she's beautiful but stupid
sie ist schön, aber dumm
not sweet but dry
nicht süß, sondern trocken
2. Präposition nach 'anything' und 'nothing';
(deutsch 'als'):
it was anything but simple
es war alles andere als einfach
nothing but lies
nichts als Lügen

by nennt den Urheber der Handlung im PASSIV
und steht mit dem GERUNDIUM II 4

can MODALVERB mit der Bedeutung 'können'

◆ I *Formen*

	einfache Form	Verneinung
Präsens	I/you/he etc. can	I/you/he etc. cannot (Kurzform: can't)
Präteritum, Konditional	I/you/he etc. could	I/you/he etc. could not (Kurzform: couldn't)

....

◆ II *Anwendung*

1. für alle Verbformen außer Präsens,
Präteritum und Konditional tritt TO BE ABLE TO
als Ersatzverb ein:

I can't sleep during the day
ich kann tagsüber nicht schlafen

**I haven't been able to sleep for the past
few months** seit einigen Monaten kann
ich nicht gut schlafen

I shan't be able to
das werde ich nicht können

2. 'can' muß in vielen Fällen im Präteritum –
wenn das Verb eine erfolgreiche konkrete
Handlung beschreibt – durch 'to be able to' ersetzt
werden. Im Zweifelsfall ist 'to be able to' jedoch
immer richtig:

**he was able to repair the car without help
from anyone else** er konnte das Auto ohne
fremde Hilfe reparieren

**he couldn't (*oder* wasn't able to) repair the
car on his own**
er konnte das Auto nicht allein reparieren

3. als Frage im Präsens drückt 'can', ähnlich
wie 'können' im Deutschen, eine Bitte um
Erlaubnis aus:

can I open the window? – no, you can't
kann ich das Fenster aufmachen? – nein

4. im Gegensatz zum Deutschen kann 'can'
nicht als transitives Vollverb verwendet werden.
Im Englischen muß ein passendes Verb im
Infinitiv folgen:

she can speak French
sie kann Französisch

5. 'could' kann für höfliche Bitten verwendet
werden:

could I possibly ...?
könnte ich vielleicht ...?

**could you tell me when it'll be ready
please?** können Sie mir bitte sagen, wann
es fertig ist?

6. 'could' (deutsch 'könnte') drückt eine
Möglichkeit in der Gegenwart aus:

>   **I could do it faster if I wanted to**
>   ich könnte es schneller machen, wenn ich
>   wollte
>   **he could arrive at any minute**
>   er könnte jeden Augenblick kommen
>   **it could well be too late**
>   es könnte (schon) zu spät sein

7. 'could have' (Kurzform 'could've') drückt eine
Möglichkeit in der Vergangenheit aus (deutsch
'hätte ... können'):

>   **I could've got that job if I'd been quicker**
>   ich hätte die Stelle haben können, wenn ich
>   schneller gewesen wäre
>   **I couldn't have done it any faster**
>   ich hätte das nicht schneller machen
>   können

auch als Vorwurf:

>   **you could have let me know he wasn't
>   coming!** du hättest mir sagen können, daß
>   er nicht kommt!

cannot s. CAN

can't KURZFORM von 'cannot'

collective nouns s. SAMMELNAMEN

commands s. IMPERATIV

comparison s. STEIGERUNG

complement s. VERB

concord s. SAMMELNAMEN

conditional s. KONDITIONAL

conditional clauses s. BEDINGUNGSSÄTZE

continuous form s. VERLAUFSFORM

could s. CAN

couldn't KURZFORM für 'could not'

could've KURZFORM für 'could have' (s. CAN)

countable s. SUBSTANTIV

'd KURZFORM für 'would' (s. KONDITIONAL) und 'had' (s. PLUSQUAMPERFEKT I)

dare 'wagen, sich trauen' kommt außer in bestimmten Wendungen wie:

> **she dared a smile**
> sie wagte ein Lächeln
> **you dare!**
> untersteh dich!

fast nur in Frage und Verneinung vor. Es kann entweder wie ein MODALVERB ('I dare not', Kurzform: 'I daren't'; 'I dared not') oder wie ein Hilfsverb gebraucht werden. Beim Gebrauch als Hilfsverb kann das 'to' des nachfolgenden Infinitivs entfallen:

> **I dare not ask him** oder **I don't dare (to) ask him** ich wage es nicht, ihn zu fragen
> **I dared not go there** oder **I didn't dare (to) go there** ich habe mich nicht getraut, dorthin zu gehen
> **did he actually dare (to) drive on his own?** hat er es tatsächlich gewagt, allein zu fahren?
> **I haven't dared (to) tell her yet** das habe ich ihr noch nicht zu sagen gewagt

Dativ s. INDIREKTES OBJEKT

Datum Es gibt folgende Schreibweisen:

> **3rd March 1984   March 3rd, 1984**
> **3 March 1984   March 3, 1984**

Gesprochen wird das Datum:

> **the third of March nineteen eighty-four,**
> **March the third nineteen eighty-four**

oder im amerikanischen Englisch auch:

> **March third nineteen eighty-four**

Einige Redewendungen:

> **what's the date today? what's today's date?** den Wievielten haben wir heute?

it's the eighth of January today
  heute ist der achte Januar
they first met on the 25th of April 1922
  sie haben sich am 25. April 1922
  kennengelernt
Christmas Day falls on a Friday this year
  der erste Weihnachtstag fällt dieses Jahr
  auf einen Freitag
**I'm going to be on holiday from the 5th to
the 12th of July**
  vom 5. bis zum 12. Juli habe ich Urlaub
s. auch MONATSNAMEN, WOCHENTAGE

definite article s. THE

Demonstrativpronomen und -adjektive (*demonstrative pronoun and adjective*) this, *Plural* these, und that, *Plural* those werden sowohl substantivisch als auch adjektivisch gebraucht.

'This' bezieht sich auf das zeitlich und räumlich Näherliegende, 'that' auf das Entferntere. 'This' bezeichnet zudem das Neue oder das, worüber gerade gesprochen wird, 'that' das schon Genannte. Im Deutschen wird 'dies(er,e,es)' oft für beide englischen Pronomen verwendet. Manchmal entspricht 'that' im Deutschen der betonte Artikel 'der, die, das (da)'.

  1. substantivischer Gebrauch:
this is my son
  das ist mein Sohn (*z.B. bei einer
  persönlichen Vorstellung*)
that's my son
  das (da) ist mein Sohn (*z.B. auf einem Foto*)
these are my children
  das sind meine Kinder
**those are my children playing on the
lawn** das sind meine Kinder, die da auf
  dem Rasen spielen
this is Radio 4
  hier ist Radio 4

....

2. adjektivischer Gebrauch:
do you want to sit on this chair or on that one? wollen Sie auf diesem Stuhl sitzen oder auf dem da?
don't disturb me, I'm watching this film stör mich nicht, ich sehe mir diesen Film an
did you watch that western last night? hast du dir gestern abend den Western angesehen?

didn't KURZFORM von 'did not' (s. TO DO)

direktes Objekt (*direct object*) entspricht im Deutschen dem Akkusativ. Es steht hinter dem Verb, von dem es abhängt. Eine besondere OBJEKTFORM gibt es nur für einige Pronomen, vor allem für die PERSONALPRONOMEN:
I've never met his brother/him ich habe seinen Bruder/ihn nie kennengelernt

to do Voll- und Hilfsverb

◆ I *Formen: Präsens:* in der 3. Person Singular **does**, in allen anderen Personen **do**; Verneinung: **I do not** (Kurzform **I don't**), **he does not** (Kurzform **he doesn't**); Frage: **do I?, does he?** *Präteritum:* in allen Personen **did**; Verneinung: **I did not** (Kurzform **I didn't**)
Partizip Perfekt: **done**
Wird 'to do' als Vollverb gebraucht, so werden FRAGE und VERNEINUNG wie bei anderen einfachen Verben gebildet, d.h. 'to do' wird 'verdoppelt': *I don't do, did he do?, he doesn't do* etc.

◆ II *Anwendung*
1. als Vollverb (deutsch 'tun', 'machen'):
he doesn't do a lot of work er arbeitet nicht viel
what are you doing here? was machst du hier?
2. zur VERNEINUNG
3. zur Bildung von FRAGEN

4. zur Verstärkung einer bejahten Aussage im Präsens und Präteritum sowie einer Aufforderung im Imperativ. Im Deutschen stehen entsprechende Adverbien:

but I do like it
aber es gefällt mir wirklich

you did enjoy your dinner, didn't you!
dir hat es aber wirklich geschmeckt!

do come in!
kommen Sie doch herein!

you do look funny!
du siehst aber komisch aus!

don't KURZFORM von 'do not' (s. TO DO)

Doppelpunkt s. ZEICHENSETZUNG

during s. WÄHREND

'd've KURZFORM von 'would have' (s. KONDITIONAL 2)

each unbestimmtes Zahlwort und Pronomen
1. 'jeder (einzelne)':
each of them gave their opinion
jeder von ihnen sagte seine Meinung

he can't answer each letter individually
er kann nicht jeden Brief einzeln beantworten

2. mit 'other' in der Bedeutung 'einander':
when will people stop killing each other?
wann werden die Menschen aufhören, sich gegenseitig zu töten?

3. nach Zahlen 'je':
two classes of 20 pupils each
zwei Klassen mit je 20 Schülern

Eigenschaftswort s. ADJEKTIV

either Pronomen und Zahlwort
1. 'einer von beiden':
we have two cars, you can take either
wir haben zwei Autos, nimm eins davon

2. 'jeder von beiden', 'beide', verneint 'keiner':
   there are trees on either side of the street
   auf beiden Seiten der Straße stehen Bäume
   I don't like either of them
   ich mag sie alle beide nicht *oder* ich mag
   keinen von beiden
3. **'either ... or'** (deutsch 'entweder ... oder'):
   he's either mad or drunk
   er ist entweder verrückt oder betrunken
4. 'auch nicht' in verneinten Sätzen (s. unter
   AUCH 6)

else steht nach Pronomen oder 'or'

◆ I *nach Pronomen*
1. nach Fragewörtern (deutsch 'sonst noch'):
   who else lives in this block of flats?
   wer wohnt sonst noch in diesem
   Wohnblock?
   what else did you find out?
   was hast du sonst noch herausgefunden?
   where else could he be?
   wo könnte er sonst noch sein?
   why else would he have asked?
   warum hätte er sonst gefragt?
2. nach Indefinitpronomen (deutsch 'anders'):
   ask someone else
   frag jemand anders
   **anyone else would have given up long
   ago** jeder andere hätte längst aufgegeben
3. nach verneinten Pronomen (deutsch 'sonst'):
   nobody else can help us
   sonst kann uns niemand helfen *oder*
   niemand anders kann uns helfen
   we have nothing else to eat
   sonst haben wir nichts zu essen *oder* wir
   haben nichts anderes zu essen

◆ II *nach 'or' in der Bedeutung 'andernfalls'*
   put it back or else there'll be trouble
   leg es zurück, sonst gibt es Ärger

....

every adjektivisches Pronomen (deutsch 'jeder'):

>> **these days every child has got a pocket calculator** heutzutage hat jedes Kind einen Taschenrechner

bei Zeitangaben:

>> **every morning/evening/Sunday** jeden Morgen/Abend/Sonntag

everybody, everyone substantivisches Pronomen (deutsch 'jeder, alle'). Wenn 'everybody' Subjekt ist, steht das Verb des Satzes im Singular, obwohl das Possessivpronomen 'their' sein kann:

>> **everybody has their own preferences** jeder hat so seine Vorzüge

everything Pronomen (deutsch 'alles'):

>> **he knows everything about acid rain** er weiß alles über sauren Regen

few unbestimmtes Zahlwort, adjektivisch und substantivisch gebraucht

1. ohne Artikel (deutsch 'wenige'):

>> **few people come to see him** nur wenige besuchen ihn

>> **there are just 6 too few** es sind genau 6 zu wenig

Von 'few' kann auch der Komparativ gebildet werden:

>> **fewer and fewer working people will have to support more and more pensioners** immer weniger Berufstätige werden für immer mehr Rentner aufkommen müssen

2. mit unbestimmtem Artikel (deutsch 'ein paar'):

>> **I have only a few things to criticize** ich habe nur ein paar Dinge zu kritisieren

>> **there are only a few left** es sind nur ein paar übrig

Merke: **he's had quite a few (drinks)**
er hat ganz schön was getrunken
a good few mistakes *oder* **quite a few
mistakes** eine ganze Menge Fehler

Frageanhängsel (*tag questions*) sind
Entscheidungsfragen, die in gekürzter Form die
Aussage eines vorangehenden Satzes in Frage
stellen. Sie bestehen aus einem Personalpronomen und einem Hilfsverb, die sich auf das
Subjekt und das jeweilige Hilfsverb des
vorangehenden Satzes beziehen. Wenn der Satz
bejaht ist, ist das Frageanhängsel verneint und
umgekehrt. Das Frageanhängsel wird von dem
vorangehenden Satz durch ein Komma
abgetrennt. Durch das Frageanhängsel fordert
der Sprecher den Hörer zur Stellungnahme auf.
Das Frageanhängsel wird meist mit 'nicht wahr'
oder 'oder' übersetzt.

1. Satz bejaht, Frageanhängsel verneint:
   they are stupid, aren't they?
      sie (die) sind dumm, nicht wahr?
   you will come, won't you?
      du kommst doch, nicht wahr?
   he knows a lot, doesn't he?
      er weiß eine ganze Menge, nicht wahr?
2. Satz verneint, Frageanhängsel bejaht:
   you don't believe him, do you?
      du glaubst ihm doch nicht etwa?
   **the kids just can't get enough to eat, can
   they?** wenn's ums Essen geht, können die
      Kinder nie genug kriegen, nicht wahr?
   **the British aren't very hard-working, are
   they?** die Briten sind nicht besonders
      arbeitsam, nicht wahr?
   you're not really serious, are you?
      das meinst du doch nicht im Ernst, oder?
   let's stop now, shall we?
      wir hören jetzt auf, oder?

Fragefürwörter s. INTERROGATIVPRONOMEN

Fragen Es gibt Fragen, die die Wortstellung Subjekt – Prädikat beibehalten, und solche, bei denen das Subjekt an zweite Stelle rückt.

◆ I *Wortstellung: Subjekt – Prädikat*
  1. Fragen, deren Fragewort (*who, what, which, how many*) Subjekt ist oder zum Subjekt gehört:
    who knows the answer?
    wer weiß die Antwort?
    what's on television tonight?
    was kommt heute abend im Fernsehen?
  2. indirekte Fragen:
Wortstellung: Fragewort – Subjekt – Prädikat
    I wonder whether *oder* **if he's coming**
    ich bin gespannt, ob er kommt
    we don't know what he does for a living
    wir wissen nicht, womit er seinen
    Lebensunterhalt verdient

◆ II *Wortstellung: Fragewort – Hilfsverb – Subjekt – Verb*
    what are you doing?
    was machst du?
    where does* she live?
    wo wohnt sie?
    who(m) can I ask?
    wen kann ich fragen?
    when did* John arrive?
    wann ist John angekommen?
    are you ready?
    bist du soweit?
    can he come?
    kann er kommen?
    did* you meet him?
    hast du ihn getroffen?
*Bei den nicht zusammengesetzten Zeiten Präsens und Präteritum wird TO DO in der entsprechenden Form (Präsens bzw. Präteritum) eingesetzt.
    Wortfragen beginnen mit einem Fragewort, Entscheidungsfragen mit dem Hilfsverb (s. aber

TO BE, TO HAVE). Vor den Fragewörtern 'what' und 'who(m)' kann eine Präposition stehen; normalerweise rückt diese jedoch an das Ende des Satzes:

überkorrekt:

about what are they talking?
> worüber sprechen sie?

for whom did you work?
> für wen haben Sie gearbeitet?

normalerweise sagt man:

what are they talking about?

who did you work for?

Ebenso wie Entscheidungsfragen werden die FRAGEANHÄNGSEL gebildet, die allerdings keine Fragen im eigentlichen Sinne sind

Fragewörter stehen am Anfang einer Frage und beginnen meist mit 'wh-'. Die wichtigsten sind:

who?	**which?**
wer?	welcher?
what?	**why?**
was?	warum?
where?	**if, whether**
wo? wohin?	ob
when?	**how?**
wann?	wie?

Zum Gebrauch s. FRAGEN

Fürwörter s. PRONOMEN

Futur

1. *Futur I (the future tense)* wird in allen Personen durch **will+Infinitiv ohne 'to'** gebildet. In der ersten Person kann statt 'will' auch 'shall' stehen (im amerikanischen Englisch jedoch wenig gebräuchlich). Die Verneinung lautet 'will not' (Kurzform: 'won't'). 'Shall' wird durch 'shall not' (Kurzform: 'shan't') verneint. Die Kurzform zu 'will' und 'shall' ist ''ll' (I'll, you'll etc.):

....

in the 21st century everyone will have robots to do their housework
im 21. Jahrhundert wird jeder Roboter für die Erledigung der Hausarbeit haben
we shall overcome
wir werden siegen

2. *Futur II (the future perfect)* wird mit **will have+Partizip Perfekt** gebildet. Für den Gebrauch von 'shall' statt 'will' in der ersten Person gilt das gleiche wie unter 1.:

will man have solved the problem of pollution by the year 2000? wird der Mensch das Problem der Umweltverschmutzung bis zum Jahre 2000 gelöst haben?

he hasn't arrived yet, he'll have missed the bus er ist noch nicht angekommen, er wird den Bus verpaßt haben

s. auch WILL, WOULD, ZUKUNFT

Gegenwart S. PRÄSENS

Geldangaben
Das Zeichen £ für 'pound' (Pfund) steht vor dem Geldbetrag, p für 'pence' dahinter:

£12.50 (gesprochen: twelve pounds fifty)
80p ['eiti piː]

Das gleiche gilt für die amerikanische Währung:

$25.50 (twenty-five dollars fifty)
50c (fifty cents)

Bezeichnungen von Münzen und Scheinen:

a five-pound note
ein Fünfpfundschein
a one-pound coin
eine Einpfundmünze, ein Pfundstück
a ten-pence piece
ein Zehnpencestück, ein Zehner

gender S. GESCHLECHT

Genitiv (*genitive*)
Es gibt im Englischen zwei Formen des Genitivs: den mit der Endung **'s** und

den mit der Präposition **of** gebildeten Genitiv:

◆I *Bildung*

1. *der 's-Genitiv*: ein Wort, das in den Genitiv gesetzt wird, erhält im Singular die durch Apostroph abgetrennte Endung **'s** und im Plural die Endung **s'**:

> **the boy's books**
> die Bücher des Jungen
> **the boys' books**
> die Bücher der Jungen

Bei unregelmäßigen Pluralformen steht immer **'s**:

> **women's lib**
> die Emanzipationsbewegung der Frauen
> **the men's toilets**
> die Herrentoilette

Bei der Aussprache ist folgendes zu beachten: endet das Wort auf einen Zischlaut [s, z, ʃ, dʒ], so lautet die Genitivendung [iz]:

> **the boss's** [bɔsiz] **new secretary**
> die neue Sekretärin des Chefs
> **the church's** [tʃəːtʃiz] **responsibility**
> die Verantwortung der Kirche
> **the judge's** [dʒʌdʒiz] **decision**
> die Entscheidung des Richters

2. *der of-Genitiv:*

> **the mating habits of elephants**
> die Paarungsgewohnheiten der Elefanten
> **the decline of the British pudding**
> der Niedergang des britischen Puddings

◆II *Anwendung*

Es gibt folgende Richtlinien für die Verwendung des **'s-** und des *of-Genitivs*:

1. der *'s-Genitiv* steht meistens bei Personen (und oft auch bei Tieren), insbesondere wenn er ein Besitz- oder Zugehörigkeitsverhältnis ausdrückt:

> **this is Paul's fiancée**
> das ist Pauls Verlobte

I can use my uncle's car
ich kann den Wagen meines Onkels
benutzen
the old lady celebrated her cat's birthday
die alte Dame feierte den Geburtstag ihrer
Katze

Der 's-Genitiv steht ferner bei bestimmten
Zeit-und Mengenbezeichnungen:

yesterday's news
die Nachrichten von gestern
a month's wages
der Lohn für einen Monat
a pound's worth of apples
Äpfel für ein Pfund

2. der of-Genitiv steht vorwiegend bei Dingen
und abstrakten Begriffen:

the lid of the box
der Deckel für die Kiste
the teachings of the bible
die Lehren der Bibel
the price of freedom
der Preis der Freiheit

3. beide Genitive sind möglich bei:

a) Institutionen und Gruppen:

**the trade unions' call to go on strike was
not heeded** *oder* **the call of the trade
unions** ... der Streikaufruf der
Gewerkschaften fand keine Beachtung
the government's long-awaited decision
oder **the long-awaited decision of the
government** der seit langem erwartete
Regierungsbeschluß

b) Ländern und Städtenamen:

the stately homes of England *oder*
England's stately homes
die herrschaftlichen Häuser Englands
the streets of London
die Straßen von London
oder: **London's streets**
Londons Straßen

c) Personen, wenn das zu bestimmende Wort
ein Ereignis oder eine Handlung bezeichnet:

**the Russians' advance could not be
stopped** *oder* **the advance of the
Russians ...** der Vormarsch der Russen
konnte nicht aufgehalten werden

what caused the miner's death? *oder* **what
caused the death of the miner?**
was war die Ursache für den Tod des
Bergarbeiters?

4. eine Kombination beider Genitive liegt in der
folgenden Konstruktion vor:

he is a friend of my brother's
er ist ein Freund von meinem Bruder

5. 's-Genitiv ohne Bezugswort nach 'at':
a) bei der Bezeichnung verschiedener
Geschäfte und Dienstleistungsbetriebe:

at the chemist's
in der Apotheke, beim Apotheker
at the butcher's
beim Fleischer, in der Fleischerei
at the hairdresser's
beim Friseur
at the baker's
beim Bäcker, in der Bäckerei

Merke: In den vorangehenden Fällen steht im
amerikanischen Englisch kein 's-Genitiv

b) zur Bezeichnung von Personen, die man
besucht:

**I'm having dinner at my cousin's this
evening** ich esse heute bei meinem Cousin
zu Abend

Gerundium eine ING-FORM, die Eigenschaften
des Verbs und des Substantivs in sich vereinigt

◆ I *Formen*

	Aktiv	Passiv
Gegenwart:	changing	being changed
Vergangenheit:	having changed	having been changed

◆ II *Funktionen des Gerundiums im Satz*

1. als Subjekt steht das Gerundium ohne Artikel und kann durch ein Adverb näher bestimmt werden (im Deutschen Infinitiv mit 'zu' oder substantivierter Infinitiv):

> **playing around with a computer is great fun** es macht viel Spaß, an einem Computer herumzuspielen
>
> **braking too quickly can be dangerous** zu schnelles Bremsen kann gefährlich sein
>
> **going down a mountain is often harder** der Abstieg ist oft schwieriger

Wenn das Gerundium dagegen ein bestimmtes Bezugswort hat, steht der Artikel. Das Bezugswort wird im folgenden of-Genitiv genannt:

> **the constant screaming of the neighbours' children got on her nerves** das ständige Geschrei der Nachbarskinder ging ihr auf die Nerven

Eine Pluralform ist auch möglich:

> **there have been murmurings of discontent** die Unzufriedenheit macht sich allmählich bemerkbar

2. als Objekt unmittelbar nach einem Verb:

> **he likes jogging in the evening** er joggt gern am Abend
>
> **he avoided looking into her eyes** er vermied es, ihr in die Augen zu sehen
>
> **the window needs cleaning** das Fenster muß mal geputzt werden

Wenn der Sinn klar ist, kann die Gegenwartsform des Gerundiums auch Vergangenheitsbedeutung haben:

> **I enjoyed meeting you** es hat mich gefreut, Sie kennenzulernen
>
> **he admitted stealing** (*oder* **having stolen**) **the money** er gab zu, das Geld gestohlen zu haben

3. als präpositionales Objekt (nach einer Präposition, die fest mit einem Verb verbunden

ist). Im Deutschen geht die entsprechende Präposition eine Verbindung mit 'da(r)-' ein; ihr folgt ein Infinitiv mit 'zu':

> **he insisted on seeing the manager**
> er bestand darauf, den Geschäftsführer zu sprechen
>
> **he objected to being treated like an idiot**
> er verwahrte sich dagegen, wie ein Idiot behandelt zu werden
>
> **they stopped him from committing suicide** sie hinderten ihn daran, Selbstmord zu begehen

4. nach Präpositionen zur Verkürzung von Nebensätzen. Im Deutschen stehen meist Nebensätze mit entsprechenden Konjunktionen:

> **I always clean my teeth after eating**
> ich putze mir immer die Zähne, nachdem ich gegessen habe
>
> **he crossed the street without looking both ways**
> er überquerte die Straße, ohne nach links und rechts zu sehen
>
> **on hearing this he left**
> als er dies hörte, ging er
>
> **instead of helping me, you're just getting in my way** statt mir zu helfen, stehst du mir nur im Wege
>
> **can we really help the poor by supporting charities?** können wir den Armen wirklich helfen, indem wir Wohlfahrts-organisationen unterstützen?

5. als präpositionale Ergänzung zu bestimmten abstrakten Substantiven:

> **what's the advantage of getting married late in life?** worin besteht der Vorteil, spät zu heiraten?
>
> **you won't have another chance of hearing him speak** Sie werden nicht noch einmal die Gelegenheit haben, ihn reden zu hören

**you're running the risk of losing your
licence by driving in that condition**
du läufst Gefahr, den Führerschein zu
verlieren, wenn du in dem Zustand fährst
**he had no difficulty in persuading her to
stay** es fiel ihm nicht schwer, sie zum
Bleiben zu überreden

6. als Ergänzung zu prädikativen Adjektiven;
in der Regel tritt eine Präposition zwischen
Adjektiv und Gerundium:

she is good at learning languages
Sprachen lernen fällt ihr leicht
he is afraid of losing his job
er hat Angst, seinen Arbeitsplatz zu
verlieren
the book is worth reading
das Buch ist lesenswert
he's used to being told off by his wife
er ist es gewöhnt, von seiner Frau
ausgeschimpft zu werden

Merke: 'used to+Gerundium' ist nicht zu
verwechseln mit dem Modalverb USED TO!

7. als Teil unpersönlicher idiomatischer
Ausdrücke:

there's no point in trying to convince him
es hat keinen Zweck zu versuchen, ihn zu
überzeugen
it's no use asking him – he doesn't know
es hat keinen Zweck, ihn zu fragen – er
weiß es nicht
how about going for a pint after work?
wie wär's mit einem Bier nach der Arbeit?
there was no disguising the defeat
die Niederlage ließ sich nicht vertuschen

◆ III *Das Subjekt des Gerundiums*
In den unter II genannten Beispielen ist das
Subjekt des Gerundiums mit dem des
Hauptsatzes identisch oder es ergibt sich aus der
Situation. Wenn ein besonderes Subjekt genannt
werden soll, so steht es als Substantiv oder

Personalpronomen vor dem Gerundium. Das Personalpronomen hat dabei die Objektform. Statt des Personalpronomens kann in den meisten Fällen auch das Possessivpronomen verwendet werden. Diese Verwendung ist aber in der gesprochenen Sprache weniger gebräuchlich:

he insisted on me (*oder* **my**) **leaving the room** er bestand darauf, daß ich das Zimmer verließ

he's annoyed about John (*oder* **John's**) **being late all the time** es ärgert ihn, daß John ständig zu spät kommt

I've enough trouble without you (*oder* **your**) **disturbing me all the time** ich habe schon genug Schwierigkeiten, ohne daß du mich ständig störst

what's the point of us (*oder* **our**) **staying here?** welchen Sinn hat es, daß wir noch hier bleiben?

they objected to the old town (*oder* **town's**) **being gradually destroyed** sie beschwerten sich darüber, daß die Altstadt allmählich zerstört wird

I don't object to you (*oder* **your**) **using my name** ich habe nichts dagegen, wenn Sie meinen Namen erwähnen

I can't imagine Ian saying that daß Ian so was sagt, kann ich mir nicht vorstellen

◆IV *Verwendung des Infinitivs an Stelle des Gerundiums*

1. ohne Bedeutungsunterschied:
nach den Verben 'to begin', 'to start', 'to continue', ebenso bei den Substantiven 'opportunity' und 'chance'

2. mit Bedeutungsunterschieden:
nach den Verben 'to like', 'to love', 'to prefer' und 'to hate' bezeichnet – im britischen Englisch – das Gerundium ein dauerndes Gefühl, der Infinitiv ein momentanes. Beim Infinitiv steht

das Verb gewöhnlich im Konditional:

I like playing chess
  ich spiele gern Schach
would you like to play chess?
  möchtest du gern Schach spielen?
he prefers living in the south
  er wohnt lieber im Süden
he'd prefer to live (*oder* he'd prefer living) in the south
  er würde lieber im Süden wohnen

Im amerikanischen Englisch aber trifft diese Regel nicht zu:

I like to play chess
  ich spiele gern Schach

3. Unterschiede ergeben sich ferner bei folgenden Verben:

he stopped thinking about it
  er hörte auf, darüber nachzudenken
aber: **he stopped to think about it**
  er hielt inne, um darüber nachzudenken
I remember talking to him on the phone
  ich erinnere mich daran, daß ich mit ihm telefoniert habe
aber: **I must remember to phone him**
  ich darf nicht vergessen, ihn anzurufen

Geschlecht (*gender*)

Das grammatische Geschlecht entspricht im Englischen dem natürlichen. Unterschieden wird hierbei zwischen männlichen und weiblichen Personen und Sachen:

	Personal-pronomen	Possessiv-pronomen
männliche Person	he	his
weibliche Person	she	her/hers
Sache	it	its

I can't find my hat – have you seen it?
  ich kann meinen Hut nicht finden – hast du ihn gesehen?

Tiere, insbesondere Haustiere, werden oft wie Personen behandelt:

she let her cat in and gave him some milk
sie ließ ihren Kater herein und gab ihm
etwas Milch

Länder können grammatisch weibliches
Geschlecht haben, wenn sie stellvertretend für
ihre Bewohner gesehen werden:

**Britain refuses to pay her contributions
to the EEC budget** Großbritannien
weigert sich, seine Beiträge zum
EG-Haushalt zu zahlen

Wird das Land jedoch rein geographisch
gesehen, so ist dies nicht möglich:

**Britain is a large island in the North Sea,
its capital is London** Großbritannien ist
eine große Insel in der Nordsee, seine
Hauptstadt ist London

Schiffe sind normalerweise weiblich

going: to be going to s. ZUKUNFT

Großschreibung Groß geschrieben werden
Namen im weitesten Sinne. Dazu gehören:

1. Vor- und Familiennamen, Städte- und
Ländernamen, geographische Bezeichnungen,
Sprachen und Völkerbezeichnungen:

she speaks English and French
sie spricht Englisch und Französisch
the British, the Germans
die Briten, die Deutschen

2. von Namen abgeleitete Adjektive:

the Elizabethan theatre
das elisabethanische Theater

3. Wörter, die ein Verwandtschaftsverhältnis
ausdrücken und ohne Artikel stehen:

ask Father or Uncle Tom
frag Vater oder Onkel Tom

4. Titel vor Namen:

Queen Elizabeth
Königin Elisabeth
Pope John Paul
Papst Johannes Paul

....

5. Bezeichnungen der Religionszugehörigkeit:
   a Protestant
    ein Protestant
   a Muslim
    ein Muslim
   she is Catholic
    sie ist katholisch
6. Bezeichnungen und Titel Gottes und Christi:
   God, the Lord, the Lamb of God
    Gott, der Herr, das Lamm Gottes
   Manchmal werden auch Personal- und
   Possessivpronomen, die sich auf Gott beziehen,
   groß geschrieben: **He, His**
7. WOCHENTAGE und MONATSNAMEN
8. Namen internationaler Verträge und
   Konferenzen:
    the Treaty of Rome
     die Römischen Verträge
   Artikel und Präpositionen werden dabei klein
   geschrieben
9. I ('ich') wird immer groß geschrieben

Hauptwort s. SUBSTANTIV

to have Vollverb und Hilfsverb

◆ I *Formen*

Präsens	Kurzform
I/you/we/they	I've/you've
have	etc.
he/she/it	he's/she's/it's
has	

Präteritum: **had** in allen Personen, Kurzform **I'd**,
he'd etc.
Partizip Perfekt: **had**
Für andere Formen im Gebrauch s. II

◆ II *Anwendung*
1. als Vollverb (deutsch 'haben', 'besitzen'),
   keine Verlaufsform:
    he's got *oder* **he has a video**
     er hat einen Videorecorder

have you got *oder* **do you have a bike?**
hast du ein Fahrrad?

she hasn't got *oder* **doesn't have a
boyfriend** sie hat keinen Freund

have you (got) *oder* **do you have any
change?** hast du Kleingeld?

has she (got) *oder* **does she have any
family?** hat sie Verwandte?

she hasn't got *oder* **doesn't have any
family** sie hat keine Verwandten

we didn't have *oder* **hadn't (got) the ghost
of a chance**
wir hatten nicht die geringste Chance

he had lots of money, but he's lost it all
er hatte viel Geld, aber er hat alles verloren

2. mit einem Substantiv zum Ausdruck einer
Tätigkeit, ohne 'got', keine Kurzform:

let's have another drink
trinken wir noch einen

they were having lunch when I came
sie aßen gerade zu Mittag, als ich kam

I don't usually have a bath in the morning
für gewöhnlich bade ich morgens nicht

3. zur Bildung des PERFEKTS, PLUSQUAM-
PERFEKTS, FUTURS II und KONDITIONALS

4. mit 'to' in der Bedeutung 'müssen', es tritt
auch als Ersatzverb für MUST ein:

you'll have to accept it
du wirst es akzeptieren müssen

you haven't got to cook today *oder*
you don't have to cook today
du brauchst heute nicht zu kochen

I'm having to go to work early this week
ich muß diese Woche früh zur Arbeit

5. mit Objekt+Partizip Perfekt in der
Bedeutung 'lassen', ohne 'got', keine Kurzform:

I've had my hair cut
ich habe mir die Haare schneiden lassen

she's having her car washed
sie läßt gerade ihren Wagen waschen

6. bezeichnet etwas, was einer Person zustößt (im Deutschen Dativ+Passiv), ohne 'got':

Tim had his driving licence taken away
Tim wurde der Führerschein entzogen
I had my bike stolen yesterday
mir wurde gestern mein Fahrrad gestohlen
she had hundreds of begging letters sent to her after she won that money
ihr wurden Hunderte von Bettelbriefen geschickt, nachdem sie das Geld gewonnen hatte

to have (got) to S. TO HAVE 4

he S. PERSONALPRONOMEN

her S. PERSONALPRONOMEN und POSSESSIVPRONOMEN

hers S. POSSESSIVPRONOMEN

herself S. REFLEXIVPRONOMEN

Hilfsverben (*auxiliaries*) stehen in der Regel vor dem INFINITIV, dem GERUNDIUM oder dem PARTIZIP eines Verbs. Sie modifizieren dessen Bedeutung (MODALVERBEN 'können', 'wollen', 'dürfen' etc.) oder bilden mit ihm eine zusammengesetzte Zeitform. Sie werden auch für VERNEINUNG und FRAGEN verwendet. Zu den wichtigsten Hilfsverben gehören:

to have	**to do**
to be	**to need to**

him S. PERSONALPRONOMEN

himself S. REFLEXIVPRONOMEN

his S. POSSESSIVPRONOMEN

I S. PERSONALPRONOMEN

if Konjunktion mit der Bedeutung:
1. 'wenn', 'falls' s. BEDINGUNGSSÄTZE
2. 'ob'; es leitet indirekte Fragen ein
(s. FRAGEN I 2)

Imperativ (*imperative*)

1. an die 2. Person: einfache endungslose Form
des Verbs:

give me the keys
gib (gebt, geben Sie) mir die Schlüssel
put it down!
leg (legt, legen Sie) es hin!

Als höfliche Form ist auch 'would'+Infinitiv
möglich:

would you please help me?
würden Sie mir bitte helfen?

2. an die 1. Person Plural: wird mit **let us**,
Kurzform **let's**, gebildet:
Merke: 'let us' ungekürzt hört sich meistens sehr
literarisch an:

let's go to a disco tonight
gehen wir heute abend mal in eine Disko
FRAGEANHÄNGSEL ist 'shall we':

let's go skiing this winter, shall we?
laß uns diesen Winter doch mal Schifahren

3. die verneinte Form des Imperativs in der 2.
Person wird mit **don't** gebildet. Der Gebrauch
von **do not** paßt eher zu einer literarischen oder
amtlichen Sprachebene:

don't be afraid
hab keine Angst
don't go yet
geh (jetzt) noch nicht
don't!
nicht!, laß das!
do not touch
Berühren verboten!

4. die verneinte Form des Imperativs in der 1.
Person Plural wird mit **don't let's** oder **let's not**
gebildet. Die nicht gekürzten Formen wirken
etwas formal:

don't let's stop yet *oder* **let's not stop yet**
wir wollen noch nicht anhalten
but let us not forget that ...
wir dürfen aber nicht vergessen, daß ...

Imperfekt s. PRÄTERITUM

in Präposition, deutsch 'in', auf die Frage 'wo?':
> **he lives in a nice little house**
> > er wohnt in einem netten kleinen Haus

Auf die Frage 'wohin?' steht auch **into**:
> **he went into that building**
> > er ging in das Gebäude (dort)
> **he put it in** *oder* **into the box**
> > er legte es in die Kiste

indefinite article s. A

Indefinitpronomen (*indefinite pronoun*)
Hierzu gehören ALL, ANY, EACH, EITHER, EVERY, NO, NONE, ONE, OTHER, SOME

indirekte Rede (*indirect* oder *reported speech*)
Eine Äußerung der indirekten Rede wird in einem Nebensatz wiedergegeben. Handelt es sich dabei um eine Aussage, so wird diese mit **that** eingeleitet, das wie die deutsche Entsprechung 'daß' wegfallen kann. Bei der Wiedergabe einer Äußerung in der indirekten Rede empfiehlt es sich, von ihrem ursprünglichen Wortlaut in der direkten Rede auszugehen.

◆I *Aussagesätze in der indirekten Rede*
1. mit Präsens im übergeordneten Satz
Die indirekte Rede hat die gleiche Zeitform wie die direkte Rede; es ändern sich nur die Personalpronomen und evtl. die Endung des Verbs im Präsens:
Direkte Rede:
> **Oliver says, 'I want an ice-cream'**
> > Oliver sagt: 'Ich will ein Eis'

Indirekte Rede:
> **Oliver says he wants an ice-cream**
> > Oliver sagt, er wolle ein Eis

Direkte Rede:
> **Jane says, 'I saw Robert at the station'**
> > Jane sagt: 'Ich habe Robert am Bahnhof gesehen'

Indirekte Rede:
> **Jane says she saw Robert at the station**
> Jane sagt, sie habe Robert am Bahnhof
> gesehen

2. mit Präteritum im übergeordneten Satz

Gegenüber der direkten Rede ergeben sich
folgende Änderungen für die Zeitformen:

a) Präsens→Präteritum

Direkte Rede:
> **Oliver said, 'I want an ice-cream'**
> Oliver sagte: 'Ich will ein Eis'

Indirekte Rede:
> **Oliver said he wanted an ice-cream**
> Oliver sagte, er wolle ein Eis

Direkte Rede:
> **she said, 'I can't come because I have an**
> **appointment with the doctor'**
> sie sagte: 'Ich kann nicht kommen, weil ich
> einen Arzttermin habe'

Indirekte Rede:
> **she said she couldn't come because she**
> **had an appointment with the doctor**
> sie sagte, sie könne nicht kommen, weil sie
> einen Arzttermin habe

b) Präteritum→Plusquamperfekt

Direkte Rede:
> **the witness said 'I don't know whether**
> **that is the man who robbed the bank'**
> der Zeuge sagte: 'Ich weiß nicht, ob dies der
> Mann ist, der die Bank ausgeraubt hat'

Indirekte Rede:
> **the witness said he didn't know whether**
> **that was the man who had robbed the**
> **bank** der Zeuge sagte, er wisse nicht, ob
> dies der Mann sei, der die Bank ausgeraubt
> habe

c) Perfekt→Plusquamperfekt

Direkte Rede:
> **she said, 'I've never heard of it'**
> sie sagte: 'Ich habe nie davon gehört'

Indirekte Rede:
> **she said she had never heard of it**
> sie sagte, sie hätte nie davon gehört

d) Futur I→Konditional I

Direkte Rede:
> **he said, 'I'll help you'**
> er sagte: 'Ich werde dir helfen'

Indirekte Rede:
> **he said he'd help me**
> er sagte, er werde mir helfen

Die Regeln dürfen nicht dogmatisch angewandt werden. Es gibt Abweichungen, die Bedeutungsschattierungen zulassen. Wenn sich die Äußerung auf eine Situation bezieht, die noch nicht vorüber ist, kann in der indirekten Rede die gleiche Zeitform wie in der direkten stehen. Für die Beispielsätze unter a) und d) gibt es daher auch folgende Möglichkeit:

> **she said she can't come because she has an appointment with the doctor**
> sie hat gesagt, daß sie nicht kommen kann, weil sie einen Arzttermin hat

> **he said he'll help me**
> er hat gesagt, daß er mir helfen würde

In dem Satz unter b) kann statt des Plusquamperfekts auch das Präteritum stehen:

> **the witness said he didn't know whether that was the man who robbed the bank**
> *(da es klar ist, daß der Bankraub vor der Gerichtsverhandlung geschah, braucht dies nicht durch das Plusquamperfekt ausgedrückt zu werden)*

◆ II *Fragesätze*

Fragesätze werden in der indirekten Rede zu indirekten FRAGEN I 2. Für den Gebrauch der Zeiten gilt das gleiche wie unter I.

Direkte Rede:
> **he asked, 'Where have you been all the time?'** er fragte: 'Wo bist du die ganze Zeit gewesen?'

Indirekte Rede:
>**he asked me where I had been all the time**
>er fragte mich, wo ich die ganze Zeit
>gewesen sei

Direkte Rede:
>**she asked, 'Do you know Pam?'**
>sie fragte: 'Kennst du Pam?'

Indirekte Rede:
>**she asked if I knew Pam**
>sie fragte, ob ich Pam kenne

◆ III *Befehle und Bitten*

Befehle und Bitten werden in der indirekten Rede meistens mit einem Infinitiv wiedergegeben

Direkte Rede:
>**he said to her, 'Please come'**
>er sagte zu ihr: 'Komm bitte'

Indirekte Rede:
>**he asked her to come**
>er bat sie zu kommen

indirektes Objekt (indirect object)

entspricht weitgehend dem deutschen Dativ:
>**I offered him* a drink** *oder* **I offered a drink to him**
>ich bot ihm etwas zu trinken an
>
>**he'll give Dawn the money** *oder* **he'll give the money to Dawn**
>er wird Dawn das Geld geben
>
>**my wife bought me* a wallet** *oder* **my wife bought a wallet for me**
>meine Frau kaufte mir eine Brieftasche
>
>**I lent it to him** *oder* **I lent him it**
>ich habe es ihm geliehen
>
>**he bought them for me** *oder* **he bought me them** er hat sie mir gekauft
>
>**he threw it back to me**
>er warf es mir zurück

*Ist das indirekte Objekt ein PERSONAL-PRONOMEN, so steht es in der Objektform.

Infinitiv (*infinitive*)

◆I *Formen*

Aktiv	Passiv
	Präsens
to ask	**to be asked**
fragen	gefragt werden
	Perfekt
to have asked	**to have been asked**
gefragt haben	gefragt worden sein

◆II *Anwendung*

Der Infinitiv wird mit oder ohne 'to' gebildet. Stehen in einem Satz mehrere Infinitive hintereinander, so braucht 'to' nur einmal genannt zu werden:

> **we decided to stop off and visit friends**
> wir beschlossen, anzuhalten und Freunde zu besuchen

1. ohne 'to' nach Modalverben:
   > **Brian could drive you there**
   > Brian könnte euch dorthin fahren
   > **he must have been held up by a traffic jam** er muß durch einen Verkehrsstau aufgehalten worden sein

2. mit 'to' als Subjekt:
   > **to drive for 36 hours non-stop is ...**
   > 36 Stunden ununterbrochen zu fahren, ist ...

   s. auch GERUNDIUM

3. ohne 'to' bei der Bildung des FUTURS und KONDITIONALS

4. mit 'to' in indirekten Fragen:
   > **he learned how to use the typewriter**
   > er hat gelernt, wie man mit der Schreibmaschine umgeht
   > **we haven't decided where to go yet**
   > wir haben uns noch nicht entschieden, wohin wir fahren
   > **they showed me how to work with the new computer** sie haben mir gezeigt, wie

man mit dem neuen Computer arbeitet
do I always have to tell you what to do?
muß ich dir denn immer sagen, was du zu
tun hast?

5. mit 'to' nach Hilfsverben:
he wants to be an engineer
er will Ingenieur werden

6. mit '(in order) to' bei der Bildung von
Finalsätzen:
I went to London to do some shopping
ich fuhr zum Einkaufen nach London
**they cut down a lot of trees (in order) to
make way for the new motorway**
man hat viele Bäume gefällt, um für die
neue Autobahn Platz zu schaffen
**they are saving up (in order) to buy a
house** sie sparen, um ein Haus zu kaufen

7. ohne 'to' nach Verben der sinnlichen
Wahrnehmung (im Deutschen wörtlich oder mit
einem Nebensatz mit 'wie' zu übersetzen):
I heard you come in
ich hörte dich reinkommen
I saw him walk up the stairs
ich sah ihn die Treppe hinaufgehen
he watched them unpack the case
er sah zu, wie sie den Koffer auspackten

8. mit 'to' nach Verben, die eine Bitte, einen
Befehl oder eine Erwartung ausdrücken:
she asked me to shut the door
sie bat mich, die Tür zu schließen
I told him to shut up
ich sagte ihm, er solle den Mund halten
they want us to look after their kids
sie wollen, daß wir auf ihre Kinder
aufpassen
we expect you to be polite to our guests
wir erwarten, daß ihr zu unseren Gästen
höflich seid
are we expected to bring our own food?
sollen wir das eigene Essen mitbringen?

....

9. mit 'to' bei Verben, Adjektiven, Substantiven und unpersönlichen Ausdrücken, die die Präposition **for** nach sich haben:

> **we're waiting for you to bring in the food**
> wir warten darauf, daß du das Essen hereinbringst
>
> **the toddler cried for her mother to pick her up** das kleine Mädchen weinte, weil es von seiner Mutter auf den Arm genommen werden wollte
>
> **the best thing would be for you to go**
> es wäre das beste, wenn Sie gingen
>
> **it's time for you to go to bed**
> es ist Zeit, daß du ins Bett gehst
>
> **there's still time for him to come**
> er kann immer noch kommen
>
> **it's not for me to decide that**
> ich habe darüber nicht zu entscheiden

10. mit 'to' nach Ordnungszahlen:

> **Neil Armstrong was the first man to set foot on the moon** Neil Armstrong war der erste Mensch, der den Mond betrat
>
> **she was the last to leave**
> sie ging als letzte

ing-Form dient zur Bildung der VERLAUFSFORM, des GERUNDIUMS und des PARTIZIPS Präsens. Sie bewirkt folgende Änderungen in der Schreibung des Verbs:

1. 'e' entfällt vor '-ing':
> **to change→changing**

2. 'ie' wird vor '-ing' zu 'y':
> **to die→dying**

3. nach einer kurzen betonten Silbe wird der letzte Konsonant vor '-ing' verdoppelt:
> **to run→running**

4. auslautendes 'l' wird in zweisilbigen Verben vor '-ing' verdoppelt:
> **to travel→travelling**

Diese Regel gilt nicht für das Amerikanische

Interrogativpronomen die Pronomen WHO, WHAT und WHICH. Sie leiten eine Frage ein und können dabei sowohl Subjekt als auch Objekt sein. Näheres s. FRAGEN

into s. IN

Inversion s. WORTSTELLUNG

irregular verbs s. UNREGELMÄSSIGE VERBEN

isn't KURZFORM für 'is not' (s. BE)

it s. PERSONALPRONOMEN

its s. POSSESSIVPRONOMEN

it's KURZFORM für 'it is'

itself s. REFLEXIVPRONOMEN

Komma s. ZEICHENSETZUNG

Komparativ s. STEIGERUNG

Konditional

◆ I *Formen* Es gibt zwei Formen des Konditionals, *Konditional I* und *Konditional II*

1. *Konditional I* (*present conditional*) wird mit **would**+**Infinitiv** gebildet (Kurzform: 'd' nach Personalpronomen: I'd, you'd etc.). Die Verneinung lautet 'would not' (Kurzform: 'wouldn't'). In der 1. Person kann statt 'would' auch 'should' stehen (Verneinung: 'should not', Kurzform: 'shouldn't'), was jedoch manchmal etwas formal klingen kann:

    I would come
      ich würde kommen (ich käme)

2. *Konditional II* (*perfect conditional*) wird mit **would have**+**Partizip Perfekt** gebildet (für Verneinung, Kurzformen und die Verwendung von 'should' statt 'would' gilt das gleiche wie unter 1):

    I would have come
      ich wäre gekommen

....

◆ II *Gebrauch*

1. Näheres s. BEDINGUNGSSÄTZE, INDIREKTE REDE

2. 'would' kann nur dann in if-Sätzen stehen, wenn es eine Bereitschaft ausdrückt:

> **I would be grateful if you would help me**
> ich wäre dir dankbar, wenn du mir helfen würdest

3. bei Gleichzeitigkeit der Handlung im Haupt- und im Nebensatz kann das Verb des Nebensatzes im Präteritum stehen:

> **he wouldn't live with someone who smoked** er würde nicht mit jemandem zusammenleben, der raucht

Wenn die Handlung des Nebensatzes zeitlich vor der des Hauptsatzes liegt, steht das Verb des Nebensatzes im Plusquamperfekt:

> **she wouldn't marry a man who had been married before** sie würde keinen Mann heiraten, der schon einmal verheiratet war

Konjunktiv (*subjunctive*)

Der Konjunktiv Präsens unterscheidet sich vom einfachen Präsens durch das Fehlen der s-Endung in der dritten Person Singular und die Verwendung der Form **be** für alle Personen beim Verb 'to be'. Im Hauptsatz kommt er nur in bestimmten feststehenden Ausdrücken vor:

> **God save the Queen**
> Gott erhalte die Königin
>
> **be that as it may**
> wie dem auch sei

In mit 'that' eingeleiteten Nebensätzen drückt er ein Begehren oder einen Wunsch aus:

> **they demanded that the meeting be adjourned** sie verlangten, daß die Konferenz vertagt werde

Vom Konjunktiv Präteritum gibt es nur die Form **were** (deutsch 'wäre'). Sie steht in BEDINGUNGSSÄTZEN 3 und Sätzen mit AS IF, AS THOUGH. Auch in diesen Fällen wird sie immer

mehr von den einfachen Präteritumsformen
('was' statt 'were' in der 1. und 3. Person Singular)
verdrängt

Kurzantworten sind Antworten auf
Entscheidungsfragen, die das jeweilige Hilfsverb
der Frage aufnehmen:

do you know him? – yes, I do
kennen Sie ihn – ja

did you go to Italy in May? – no, I didn't
sind Sie im Mai nach Italien gefahren? –
nein

have you finished? – yes, I have
bist du fertig? – ja

can you lend me £10? – I'm afraid I can't
können Sie mir 10 Pfund leihen? – nein,
leider nicht

and are you prepared to sign it? – I am
sind Sie bereit, das zu unterschreiben? – ja

do you have to? – I do actually
müssen Sie das? – eigentlich schon

Kurzformen (*short forms*) werden von vielen
Hilfsverben und ihrer Verneinung gebildet. In
der gesprochenen Sprache sind sie die Regel; die
ungekürzte Form dient hier nur der besonderen
Hervorhebung:

**he will most definitely not be happy with
that** das wird ihm ganz bestimmt nicht
gefallen

dagegen:

he won't be pleased
es wird ihm nicht gefallen

lassen entspricht im Englischen verschiedenen
Verben mit unterschiedlichen Konstruktionen:

1. *to let+Objekt+Infinitiv* (deutsch 'zulassen'):
   **the old lady wouldn't let her daughter
   call an ambulance** die alte Dame wollte
   es nicht zulassen, daß ihre Tochter einen
   Krankenwagen rief

2. *to make+Objekt+Infinitiv* (deutsch
'jemandem befehlen, jemanden dazu bringen,
etwas zu tun'):
> **the officer made the new recruits
> assemble in front of the barracks**
> der Offizier ließ die neuen Rekruten vor der
> Kaserne antreten

3. *to have+Objekt+Partizip Perfekt*
s. TO HAVE II 5

Leideform s. PASSIV

less s. STEIGERUNG

to let s. LASSEN

Kurzfragen s. FRAGEANHÄNGSEL

'll KURZFORM von WILL

lot: a lot/lots

1. substantivischer Gebrauch (deutsch 'viel'):
> **he doesn't know an awful lot about it**
> er weiß nicht gerade viel darüber
> **she doesn't have many but he has lots**
> *oder* **a lot**
> sie hat nicht viele, aber er hat jede Menge

2. adjektivischer Gebrauch; in bejahten
Sätzen kommt 'a lot (of)' und 'lots (of)' viel
häufiger vor als MUCH und MANY (deutsch 'viel',
'viele'):
> **there were a lot of** *oder* **lots of kids in the
> playground**
> auf dem Spielplatz waren viele Kinder
> **you'll avoid a lot of trouble**
> du ersparst dir viel Ärger

3. als Plural mit folgendem 'of' (deutsch 'eine
große Menge', 'Unmengen' u.a.):
> **a lot of** *oder* **lots of interesting books**
> jede Menge interessanter Bücher

4. als Adverb (deutsch 'viel', 'sehr'):
> **I like her a lot**
> ich mag sie sehr

man wird im Englischen durch **one, you, they, people** oder das PASSIV ausgedrückt:

1. **one, you:** 'you' wird in der Umgangssprache häufiger verwendet:

if you can't trust your own brother wenn man nicht einmal seinem eigenen Bruder trauen kann

one has to look after one's own interests, doesn't one? man muß seine eigenen Interessen wahren, nicht wahr?

Im amerikanischen Englisch wird die Wiederholung von 'one' und die Verwendung von 'one's' als Possessivpronomen vermieden; stattdessen werden die Formen 'he' und 'his' verwendet. Der letzte Beispielsatz lautete dann entsprechend:

one has to look after his own interests

2. **they:** 'they' oder auch 'people' bezeichnet meist eine bestimmte Gruppe, zu der der Sprecher nicht gehört:

they used to believe the earth was flat früher glaubte man, die Erde sei eine Scheibe

they've decided to build a new motorway here man hat beschlossen, hier eine neue Autobahn zu bauen

they *oder* **people think he'll win** man glaubt, daß er gewinnt

3. **Passiv:**

my bag's been stolen man hat mir die Tasche gestohlen

do as you're told tu, was man dir sagt

he was made to believe she'd gone for ever man hat ihm weisgemacht, sie sei für immer fortgegangen

4. **Imperativ:** bei Gebrauchsanweisungen:

take three eggs man nehme drei Eier

many unbestimmtes Zahlwort

  1. adjektivisch, mit folgendem Plural (deutsch 'viele'):

> **he doesn't have many friends**
> er hat nicht viele Freunde

  s. auch A LOT

  2. substantivisch:

> **there aren't many left**
> es sind nicht mehr viele übrig
> **are there many left?**
> sind viele übrig?

Merke: In bejahten Sätzen wird A LOT häufiger verwendet

  3. mit folgendem unbestimmten Artikel (deutsch 'manch (ein)'):

> **many a politician has ...**
> schon mancher Politiker hat ...

Merke: Dieser Gebrauch kann etwas literarisch wirken

may, might MODALVERBEN mit der Bedeutung 'dürfen', 'können'

◆ I *Formen*

In allen Personen gleich. 'Might' ist nur in der INDIREKTEN REDE als Präteritum von 'may' anzusehen

◆ II *Anwendung*

In vielen Fällen sind 'may' und 'might' austauschbar zu verwenden. Es gibt aber in einigen Fällen Bedeutungsunterschiede, die im folgenden erläutert werden:

  1. zum Ausdruck der Erlaubnis (deutsch 'dürfen'):

'may' und 'might' kommen hauptsächlich in Fragesätzen im Präsens und in den entsprechenden Antworten vor:

> **may I smoke? – yes, you may**
> darf ich rauchen? – ja, bitte
> **might I have ... ?** (*sehr höflich*)
> dürfte ich bitte ... haben?

In allen anderen Zeitformen tritt für 'may' und 'might' die Ersatzform TO BE ALLOWED TO ein:

Tim was allowed to stay up late
Tim durfte lange aufbleiben

2. zum Ausdruck einer Möglichkeit:

you may *oder* **might be right**
vielleicht hast du recht

you may *oder* **might have heard about it**
vielleicht haben Sie davon gehört

it may *oder* **might rain tomorrow**
es könnte morgen regnen

and who might *oder* **may you be?**
und wer bist du eigentlich?

will you help us? – I might
hilfst du uns? – vielleicht

try as he might *oder* **may, he couldn't shift**
it wie sehr er es auch versuchte, er konnte
es nicht bewegen

3. 'might', aber nicht 'may', gibt es auch in der folgenden Wendung:

you might at least try!
du könntest es wenigstens probieren!

4. 'may have' und 'might have' drücken eine nicht realisierte Möglichkeit der Vergangenheit aus (im Deutschen 'hätte ... können'). Es kann aber wichtige Bedeutungsunterschiede geben:

he may *oder* **might have been injured**
(*ich weiß nicht*)
er könnte verletzt sein

you might have been injured! (*entsetzt*)
du hättest verletzt werden können!

you may *oder* **might have told me**
(*ich bin nicht sicher*)
du hättest mir das vielleicht sagen können

well, you might have told me!
(*entrüstet*)
das hättest du mir aber sagen können!

me S. PERSONALPRONOMEN

Mehrzahl S. PLURAL

might S. MAY

mine S. POSSESSIVPRONOMEN

Modalverben (*modal verbs*) CAN, COULD, MAY, MIGHT, SHALL, SHOULD, WILL, WOULD, MUST, OUGHT TO; es werden auch USED TO, NEED, DARE dazugezählt. Die Modalverben haben in der 3. Person Präsens keine **-s** Endung. Im Präsens und Präteritum werden FRAGE und VERNEINUNG direkt ohne Umschreibung mit 'to do' gebildet (Ausnahme: 'used to'). Bei den übrigen Verbformen wird auf die Formen eines synonymen Ersatzverbs zurückgegriffen (s. einzelne Modalverben).

Monatsnamen S. auch DATUM

January	July
February	August
March	September
April	October
May	November
June	December

Redewendungen:

they always go skiing in February
 im Februar fahren sie immer Ski
they go skiing every February
 jedes Jahr im Februar fahren sie Ski
at the beginning (end) of the month
 Anfang (Ende) des Monats
there are 31 days in March *oder* **March has 31 days**
 der März hat 31 Tage

more, most S. STEIGERUNG

much unbestimmtes Zahlwort und Adverb (deutsch 'viel'):

1. als unbestimmtes Zahlwort, adjektivisch und substantivisch:
  can I have some soup? – no, there isn't much left kann ich etwas Suppe haben? – nein, es ist nicht mehr viel übrig

he hasn't got much money
  er hat nicht viel Geld
In bejahten Sätzen steht meistens A LOT (OF) anstelle von 'much'
  2. als Adverb vor einem Komparativ oder nach 'very':
he is much older than his brother
  er ist viel älter als sein Bruder
she liked the film very much
  der Film gefiel ihr sehr gut

must MODALVERB mit der Bedeutung 'müssen'. Von 'must' gibt es nur die Präsensform, für die anderen Zeiten tritt TO HAVE TO als Ersatzform ein
  1. Notwendigkeit:
I must think about it *oder* **I have to think about it**
  ich muß es mir überlegen
I had to tell him
  ich mußte es ihm sagen
'Must not' (Kurzform: mustn't [mʌsnt]) bedeutet 'nicht dürfen':
I mustn't drink alcohol
  ich darf kein Alkohol trinken
the doctor said I mustn't
  der Arzt hat's mir verboten
you mustn't be so demanding
  du darfst nicht soviel fordern
'Nicht müssen' wird durch 'don't/doesn't have to' oder 'NEED not' ausgedrückt:
you don't have to go there
  du mußt ja nicht dorthin gehen
you needn't go there
  du mußt ja nicht (*oder* brauchst ja nicht) dorthin (zu) gehen
Eine solche Umschreibung erfolgt nicht, wenn 'mustn't' verneintes Frageanhängsel ist:
well then, it must be right, mustn't it?
  dann muß es ja wohl stimmen

2. 'must' kann auch eine Annahme ausdrücken.
Gegenwart oder Vergangenheit werden durch
den Infinitiv Präsens bzw. Infinitiv Perfekt des
folgenden Verbs ausgedrückt:

it must be true
das muß ja stimmen

you must be joking
das kann ja wohl nicht dein Ernst sein

you must be hungry now
du hast jetzt bestimmt Hunger

**I've never heard of him – oh, you must
have** ich habe noch nie von ihm gehört –
ach, das gibt's doch gar nicht!

you must surely have heard of him
du mußt von ihm gehört haben

they must've forgotten about us
sie haben uns ja wohl vergessen

he must have caught the wrong train
er muß den falschen Zug genommen haben

Verneint wird in solchen Fällen, ähnlich wie im
Deutschen, mit 'cannot':

it can't be true
das kann nicht stimmen

you can't have seen him
du kannst ihn gar nicht gesehen haben

my S. POSSESSIVPRONOMEN

myself S. REFLEXIVPRONOMEN

need ('brauchen', 'müssen') ist sowohl
MODALVERB als auch Hilfsverb. In der
Anwendung ergeben sich folgende Unterschiede:

1. im Präsens wird 'need' nur in verneinten
Sätzen und in Fragesätzen als Modalverb oder
Hilfsverb gebraucht:

you needn't worry oder **you don't need to
worry**
du brauchst dir keine Sorgen zu machen

need I say more? oder **do I need to say
more?** mehr brauche ich ja nicht zu sagen

Merke: als normales Verb gibt es auch:
I need to talk to you
ich muß mit dir reden
2. im Präteritum wird 'need' ausschließlich in
Frage- und verneinten Sätzen gebraucht, und
zwar nur als Hilfsverb:
did you need to do that?
mußtest du das tun?
I didn't need to re-apply
ich brauchte mich nicht neu zu bewerben
Merke: als normales Verb gibt es auch:
I needed to get his permission first
ich brauchte zuerst seine Einwilligung
I haven't needed to have treatment since
ich habe seitdem keine Behandlung mehr
gebraucht
3. 'needn't' + Infinitiv Perfekt drückt aus, daß
eine Handlung, die in der Vergangenheit
stattfand, überflüssig war (deutsch 'hätte nicht zu
... brauchen'):
**I needn't have bought the book because I
could have borrowed it from a friend**
ich hätte das Buch nicht zu kaufen
brauchen, denn ich hätte es mir bei einem
Freund ausleihen können (=*ich habe es
gekauft*)
vgl. aber hierzu:
**I didn't need to buy the book because I
was able to borrow it from a friend**
ich brauchte das Buch nicht zu kaufen, weil
ich es mir bei einem Freund ausleihen
konnte (=*ich habe es nicht gekauft*)

negatives S. VERNEINUNG

neither Adverb und Pronomen
1. Adverb
a) mit 'nor' (deutsch 'weder ... noch'):
**neither he nor his wife knows where
Sally was** weder er noch seine Frau
wußten, wo Sally war

b) am Satzanfang 'auch nicht', s. VERNEINUNG 2
2. Pronomen 'keiner von beiden':
   **he asked Fred and Oscar for help, but
   neither (of them) responded**
   er bat Fred und Oscar um Hilfe, aber
   keiner von beiden reagierte

no 'kein' adjektivisch; das folgende Wort kann
sowohl im Singular als auch im Plural stehen:
   there's no time
   wir haben keine Zeit
   I have no friends left
   ich habe keine Freunde mehr
Vor dem Gerundium drückt 'no' ein Verbot aus:
   no smoking
   Rauchen verboten

nobody, no-one Indefinitpronomen
(deutsch 'niemand'):
   nobody is perfect
   niemand ist vollkommen
   nobody was there when I arrived
   niemand war da, als ich ankam
Für den Gebrauch als Objekt wird oft ein
verneinter Satz mit ANYBODY verwendet:
   he didn't introduce me to anybody
   er hat mich niemandem vorgestellt
zur besonderen Betonung aber:
   I trust no-one oder **I don't trust anybody**
   ich habe zu niemand Vertrauen

noch hat im Englischen verschiedene
Entsprechungen:
1. in bejahten Sätzen **still**:
   Alan's still trying to repair his car
   Alan versucht immer noch, sein Auto zu
   reparieren
   Mrs Bennett's still on the phone
   Mrs Bennett telefoniert immer noch
2. in verneinten Sätzen **not ... yet**:
   haven't you done the washing-up yet?
   hast du immer noch nicht abgespült?

....

he hasn't arrived yet
  er ist noch nicht eingetroffen
3. bei Zahlen:
a) im Singular **another**:
  can I have another piece of cake?
    kann ich noch ein Stück Kuchen
    bekommen?
b) im Plural **more**:
  five more glasses of beer
    noch fünf Glas Bier
4. 'sonst noch' s. ELSE I 1

none Indefinitpronomen (deutsch 'kein
(einziger)'):
  **can I have a glass of milk? – I'm sorry,
  there's none left** kann ich bitte ein Glas
    Milch haben? – tut mir leid, es ist keine
    mehr da
  biscuits? there are none left
    Plätzchen? es sind keine mehr da
'none' steht oft mit folgendem **of**:
  none of the passengers was hurt
    keiner der Passagiere war verletzt

no-one s. NOBODY

not deutsch 'nicht', verneint das Verb oder
einzelne Satzteile (s. VERNEINUNG 1). Bei Verben
hat 'not' meist die KURZFORM **-n't**. Soll ein anderer
Satzteil verneint werden, so steht 'not' vor
diesem; hier ist keine Kurzform möglich:
  he didn't arrive until 11 o'clock
    er kam erst um 11 Uhr an
  I can't ask him
    ich kann ihn nicht fragen
  Shane was late, not Patrick
    Shane hat sich verspätet, nicht Patrick
  he bought a video, not a television
    er hat einen Videorecorder gekauft, keinen
    Fernseher
  not everyone has got a car of their own
    nicht jeder hat ein eigenes Auto

he was not a little surprised
    er war ganz schön überrascht

nothing deutsch 'nichts':
    nothing was good enough for him
        nichts war ihm gut genug
    our politicians have done nothing
        unsere Politiker haben nichts getan
Statt 'nothing' ist auch ein verneinter Satz mit
ANYTHING möglich:
    our politicians haven't done anything

noun s. SUBSTANTIV

numbers s. ZAHLWÖRTER

Objektformen (*object case*) sind die Formen
me, you, him, her, it, us, you, them der
PERSONALPRONOMEN und die Form **whom** des
INTERROGATIV- und RELATIVPRONOMENS 'who', die
entweder DIREKTES oder INDIREKTES OBJEKT des
Verbs sind

of Präposition, dient u.a. zur Bildung des
GENITIVS und zur Bezeichnung von Mengen sowie
einer Anzahl nach Pronomen und Zahlwörtern:
    neither of them
        keiner von den beiden
    none of the boys
        keiner der Jungen
    one of the men
        einer der Männer
    3 pounds of potatoes
        3 Pfund Kartoffeln

on Präposition, bezeichnet den Ort auf die Frage
'wo?':
    he's sitting on the chair
        er sitzt auf dem Stuhl
Auf die Frage 'wohin?' steht im Englischen
auch **onto**:
    Fred jumped on(to) the chair
        Fred sprang auf den Stuhl

one S. ADJEKTIV III 2, MAN, ZAHLWÖRTER

other Indefinitpronomen
  1. substantivischer Gebrauch, Plural **others**
(deutsch 'andere'):
> **he's got two grandmothers; one lives in
> Glasgow, the other in Hull**
> er hat zwei Großmütter; eine wohnt in
> Glasgow, die andere in Hull
> **the others drowned**
> die anderen ertranken
> **some drowned, while others were
> rescued** einige ertranken, während
> andere gerettet wurden
  2. adjektivischer Gebrauch, deutsch 'andere',
mit unbestimmtem Artikel **another** (deutsch 'ein
anderer, noch ein'):
> **this pen doesn't write, can I have another
> one?** dieser Kugelschreiber schreibt nicht,
> kann ich einen anderen haben?
> **can I have another cup of tea?**
> kann ich noch eine Tasse Tee bekommen?
> **the border begins on the other side of the
> river** die Grenze beginnt am anderen Ufer
> des Flusses

ought to MODALVERB, Verneinung 'ought not
to' (Kurzform 'oughtn't to') drückt eine
Verpflichtung (deutsch 'sollte') oder eine
Vermutung (deutsch 'müßte eigentlich') aus.
Gegenwart und Vergangenheit werden durch den
folgenden Infinitiv Präsens ('sollte', 'müßte') oder
Perfekt ('hätte ... sollen', 'müßte ... haben bzw.
sein') ausgedrückt
  1. zum Ausdruck der Verpflichtung:
> **you ought to be ashamed of yourself**
> du solltest dich schämen
> **she ought to have asked me for help**
> sie hätte mich um Hilfe bitten sollen
> **I know you don't want to go but I really
> think you ought (to)** ich weiß, daß du

....

nicht gehen willst, aber ich finde wirklich,
daß du gehen solltest
those things which you ought not to do
die Dinge, die du nicht tun solltest
you ought to have heard him scream!
du hättest hören sollen, wie er gebrüllt hat!
2. zum Ausdruck der Vermutung:
he ought to win the race
er müßte eigentlich das Rennen gewinnen
she ought to have left by now
sie müßte inzwischen gegangen sein
if anybody knows, then he ought to
wenn das überhaupt jemand weiß, dann er

our s. POSSESSIVPRONOMEN

ours s. POSSESSIVPRONOMEN

ourselves s. REFLEXIVPRONOMEN

paarige Gegenstände folgende
Substantive stehen im Englischen im Plural:

binoculars	**pyjamas**
Fernglas	Schlafanzug
glasses	**scales**
Brille	Waage
jeans	**scissors**
Jeans	Schere
pants	**shorts**
Unterhose	kurze Hose
pincers	**tights**
Beißzange	Strumpfhose
pliers	**trousers**
Kombizange	Hose

Die Bedeutung kann sowohl Singular als auch
Plural sein:
where are my scissors?
wo ist meine Schere?
he washes his trousers by hand
er wäscht seine Hosen mit der Hand
Wenn eine bestimmte Zahl genannt werden

soll, geschieht dies durch Vorsetzen des Wortes
'pair(s)':

> **only one pair of pyjamas**
> nur ein Schlafanzug
>
> **he has already broken three pairs of
> glasses this year** ihm sind dieses Jahr
> schon drei Brillen kaputtgegangen

Partizip

◆I *Form* Es gibt zwei Formen, das Partizip
Präsens (*present participle*) und das Partizip
Perfekt (*past participle*). Das Partizip Präsens ist
eine ING-FORM, das Partizip Perfekt ist bei
UNREGELMÄSSIGEN VERBEN die dritte Stammform,
bei regelmäßigen Verben hat es die Endung **-ed**,
die die gleichen Änderungen in der
Rechtschreibung bewirkt wie die Endung '-ed' des
PRÄTERITUMS I 1.

	Partizip Präs.	*Partizip Perf.*
Aktiv		
to ask	asking	asked
fragen	*fragend*	*gefragt*
Passiv		
	being asked	having been asked
to write	writing	written
schreiben	*schreibend*	*geschrieben*

◆II *Anwendung*
Wörtlich entsprechen den beiden Partizipien im
Deutschen die Partizipien mit der Endung '-nd'
bzw. der Vorsilbe 'ge-' ('fragend', 'gefragt'). Sie
werden im Deutschen meistens mit einem
Relativsatz oder mit einem Nebensatz
wiedergegeben. Das Partizip hat folgende
Funktionen:

1. als nähere Bestimmung für ein Substantiv:
   a loving mother
   eine liebevolle Mutter

a working woman
eine berufstätige Frau

a used car
ein Gebrauchtwagen

a well written essay
ein gut geschriebener Aufsatz

Die vor dem Substantiv stehenden Partizipien können nur durch ein Adverb erweitert werden. Kommen andere Ergänzungen hinzu, so tritt das Partizip hinter das Substantiv, auf das es sich bezieht:

that man standing over there is my teacher der Mann, der dort drüben steht, ist mein Lehrer

a group of lorry drivers blocking the roads rejected the offer made by the government eine Gruppe LKW-Fahrer, die die Straßen sperrten, lehnten das Angebot ab, das ihnen die Regierung gemacht hatte

Das Partizip Perfekt kann auch einen Zustand ausdrücken (deutsch 'sein+Partizip Perfekt'):

there was a little town surrounded by hills es gab da eine kleine Stadt, die von Hügeln umgeben war

oder eine als gleichzeitig betrachtete Handlung (im Deutschen gleiche Zeit in Haupt- und Relativsatz):

you must be able to answer any questions asked by the examiner du mußt alle Fragen beantworten können, die der Prüfer stellt

Es steht auch bei Vorzeitigkeit (im deutschen Relativsatz durch Perfekt bzw. Präteritum oder Plusquamperfekt ausgedrückt):

many houses built only twenty years ago are already showing signs of deterioration viele Häuser, die erst vor zwanzig Jahren gebaut wurden, zeigen bereits Verfallserscheinungen

2. als verkürzter Nebensatz ohne eigenes
Subjekt zum Ausdruck:
   a) eines Zeitverhältnisses:
entspricht im Deutschen einem temporalen
Nebensatz (mit 'als', 'während' oder 'nachdem').
Zur Verdeutlichung können die Konjunktionen
'when', 'while' oder 'after' vor den Partizipien
stehen:

> **having decided what to do, they quickly
> started implementing their plans**
> nachdem sie beschlossen hatten, was sie
> tun wollten, begannen sie schnell mit der
> Ausführung ihrer Pläne
> **(while) leafing through an old book, he
> came upon an interesting story**
> als er ein altes Buch durchblätterte, stieß
> er auf eine interessante Geschichte
> **she always does her knitting while
> watching TV**
> sie strickt immer beim Fernsehen
> **(when) asked what they wanted to do
> after leaving school, they said they had
> no idea** als sie gefragt wurden, was sie
> nach dem Schulabgang tun wollten, sagten
> sie, sie hätten keine Ahnung

Merke: Die letzten drei Beispiele sind eher
schriftsprachlich
   b) eines Grundes (deutsch 'da', 'weil'). Die
Partizipien stehen meistens vor dem Hauptsatz:

> **expecting rainy weather, I took an
> umbrella with me** da ich mit
> regnerischem Wetter rechnete, nahm ich
> einen Schirm mit
> **being chained up all day, the dog became
> very aggressive** da der Hund den ganzen
> Tag angekettet war, wurde er sehr
> aggressiv
> **having been bitten twice before, the boy
> was always scared of dogs**
> weil er schon zweimal gebissen worden

war, hatte der Junge immer Angst vor
Hunden

Merke: Diese Verwendung ist eher schriftsprachlich

c) eines Begleitumstandes (im Deutschen mit
'wobei', 'und ... dabei' oder wörtlich übersetzt):

**the candidate was touring the country,
making speeches, shaking hands, and
kissing babies** der Kandidat durchreiste
das Land, wobei er Reden hielt, Hände
schüttelte und Babys küßte

**I will be talking about the problem of
disarmament, beginning with a short
historical survey** ich werde über das
Problem der Abrüstung sprechen und
dabei mit einem kurzen geschichtlichen
Rückblick beginnen

**she came in, accompanied by two young
men** sie kam in Begleitung zweier junger
Männer herein

d) einer Bedingung; die Konjunktion 'if' ist
erforderlich. Sie steht vor dem Partizip:

**if convicted, she could be sentenced to
five years in jail** wenn sie für schuldig
befunden wird, könnte sie zu fünf Jahren
Gefängnis verurteilt werden

e) eines Gegensatzes; vor dem Partizip muß
eine Konjunktion stehen ('although', 'though'):

**though soundly beaten here the
candidate decided to go on fighting**
obwohl der Kandidat hier eine schwere
Niederlage hinnehmen mußte, beschloß er,
trotzdem weiterzukämpfen

3. als verkürzter Nebensatz mit eigenem
Subjekt: Das Subjekt steht unmittelbar vor dem
Partizip:

**the weather being very bad, we decided
to cancel the excursion** da das Wetter
sehr schlecht war, beschlossen wir, den
Ausflug ausfallen zu lassen

**his reputation ruined, he dared not
appear in public again** da sein Ruf
ruiniert war, wagte er es nicht, sich noch
einmal in der Öffentlichkeit zu zeigen

**his army having been defeated, the
general committed suicide** weil
(nachdem) seine Armee besiegt worden
war, beging der General Selbstmord

Oft wird die Partizipialkonstruktion mit der
Präposition 'with' eingeleitet. 'With', das einen
Umstand, einen Grund oder eine Bedingung
ausdrückt, verlangt immer ein eigenes Subjekt
für das Partizip. Personalpronomen stehen in der
Objektform:

**after that you'll be on your own with
nobody helping you**
danach wirst du auf dich gestellt sein, und
niemand wird dir helfen

**it's difficult to sleep with people having a
party next-door**
es ist schwierig zu schlafen, wenn die Leute
nebenan eine Party feiern

4. als Ergänzung des Objekts nach Verben der
Wahrnehmung; die deutsche Entsprechung ist
meistens ein Nebensatz mit 'wie' oder die
Konstruktion 'Akkusativ+Infinitiv':

I saw someone coming up the stairs
ich sah jemanden die Treppe
heraufkommen

**he heard a mosquito buzzing around his
head** er hörte, wie eine Mücke um seinen
Kopf herumschwirrte

he found them sleeping
er fand sie schlafend vor

Passiv (passive) gebildet aus TO BE+PARTIZIP

Perfekt für alle Zeitformen sowie für Infinitiv und
für Gerundium. Die VERLAUFSFORM gibt es nur im
Präsens, Präteritum, Futur I und im Konditional
I (s. auch VERB)

1. einfache transitive Verben:
   she was stung by a wasp
   sie wurde von einer Wespe gestochen
   another plane has been hijacked
   es ist schon wieder ein Flugzeug entführt
   worden
   I'm not impressed by his proposal
   ich bin von seinem Vorschlag nicht
   beeindruckt
2. Verben mit indirektem Objekt:
   **children are only taught useless things at
   school** den Kindern werden in der Schule
   nur nutzlose Dinge beigebracht
   he was refused an entry visa ihm wurde
   das Einreisevisum verweigert
3. Verben, die eine feste Verbindung mit einem
   Adverb oder einer Präposition eingehen:
   his plane was shot down
   sein Flugzeug wurde abgeschossen
   he's going to be operated on tomorrow
   er wird morgen operiert

past participle s. PARTIZIP

past perfect s. PLUSQUAMPERFEKT

past tense s. PRÄTERITUM

Perfekt (perfect)

◆ I *Bildung* Das Perfekt wird aus dem Präsens
von TO HAVE und dem Partizip Perfekt (s. PARTIZIP
I) gebildet:

einfaches Perfekt	*Kurzform*
I/you etc. have left	I've/you've etc. left
he has left	he's* left

verneint	*Kurzform*
I/you etc. have not left	I/you etc. haven't left
he has not left	he hasn't left

**'s' kann sich im Gegensatz zu ''ve auch an
Substantive anschließen

◆ II *Anwendung*

Das Perfekt gilt im Englischen nicht als eine Zeit der Vergangenheit. Es stellt eine Verbindung zwischen Vergangenheit und Gegenwart her, indem es eine Handlung in der Vergangenheit beschreibt, die sich unmittelbar auf die Gegenwart auswirkt oder sich auf einen Zeitraum bezieht, der in der Vergangenheit begann und bis in die Gegenwart reicht.

1. Beschreibung eines Ereignisses der Vergangenheit mit Auswirkung auf die Gegenwart:

> **where's the book that was lying on the table? – Tim's taken it with him**
> wo ist das Buch, das auf dem Tisch lag? – Tim hat es mitgenommen

> **I go by bus now I've sold my car**
> ich fahre jetzt mit dem Bus; ich habe mein Auto verkauft

Sobald eine Zeitbestimmung hinzukommt, steht jedoch das Präteritum:

> **Tim took the newspaper when he came in this morning** Tim hat die Zeitung genommen, als er heute morgen hereinkam

> **I sold my car yesterday**
> ich habe gestern mein Auto verkauft

2. Bezug auf einen Zeitraum, der bis in die Gegenwart reicht; das Verb bezeichnet

a) eine Handlung, die zu einem unbestimmten Zeitpunkt stattfand oder bisher nicht stattgefunden hat:

> **I've seen that man somewhere before, but I don't know where**
> ich habe den Mann schon einmal irgendwo gesehen, aber ich weiß nicht wo

> **have you ever been to New York?**
> waren Sie schon einmal in New York?

> **she's never left her home town**
> sie hat nie ihre Heimatstadt verlassen

Bei eindeutigen Zeitbestimmungen steht
dagegen das Präteritum:

I saw him on Friday
  ich habe ihn am Freitag gesehen
he went to Ireland last year
  er ist letztes Jahr nach Irland gefahren
b) eine andauernde oder wiederholte
Handlung:

I've told you that hundreds of times
  das habe ich dir schon hundertmal gesagt
she's been living in Hull since May
  sie wohnt seit Mai in Hull
**I've been waiting here (for) half an hour
  already**
  ich warte jetzt schon eine halbe Stunde hier
Merke: 'since': Zeitpunkt; 'for': Zeitraum
  3. Das Perfekt steht dann, wenn ein
Zeitabschnitt genannt ist, der noch andauert:

**I've been trying to reach you on the
  phone all morning** ich habe schon den
  ganzen Morgen versucht, Sie telefonisch zu
  erreichen
  (*der Vormittag ist noch nicht vorbei*)
I haven't seen him this week
  ich habe ihn diese Woche noch nicht
  gesehen (*die Woche ist noch nicht um*)
dagegen:

**I was trying to phone you yesterday
  morning** ich habe gestern vormittag
  versucht, Sie anzurufen
I didn't see him last week
  ich habe ihn letzte Woche nicht gesehen
  4. in Verbindung mit 'just':

he's just left
  er ist gerade gegangen
Merke: Hier kann auch, besonders im
amerikanischen Englisch, das Präteritum
stehen:

he just left
  er ist gerade gegangen

....

Personalpronomen (*personal pronouns*)

◆ I *Formen*

einfache Form	Objektform
I	**me**
ich	mir, mich
you	**you**
du; Sie	dir, dich; Ihnen, Sie
he	**him**
er	ihm, ihn
she	**her**
sie	ihr, sie
it	**it**
es	ihm, es
we	**us**
wir	uns
you	**you**
ihr; Sie	euch; Ihnen, Sie
they	**them**
sie	ihnen, sie

Merke: 'you' kann je nach Satzfunktion (Subjekt oder Objekt) folgende Bedeutungen haben: du, dich, dir, Sie, Ihnen, ihr, euch

◆ II *Anwendung*

Das Personalpronomen steht, wie im Deutschen, als Subjekt vor dem Verb (einfache Form) oder als Objekt hinter ihm (Objektform):

> **I love you**
> ich liebe dich
> **we'll send it to him**
> wir werden es ihm schicken

Anders als im Deutschen steht die Objektform auch anstelle der einfachen Form, wenn das Personalpronomen isoliert und betont ist:

> **that's me in the photo**
> das bin ich auf dem Foto
> **why don't you do it? – what me?**
> warum machst du es nicht? – wer, ich?
> **it's him!**
> er ist es!

....

persönliche Fürwörter s.
PERSONALPRONOMEN

phrasal verbs s.
VERB-ADVERB-VERBINDUNGEN

Plural (*plural*) Es gibt folgende Arten der Pluralbildung:

1. Plural auf **-s**: Die meisten Substantive haben diese Bildung

2. endet das Substantiv im Singular auf einen Zischlaut [s, z, ʃ, dʒ], so lautet die Pluralendung [iz], geschrieben **-es**:

glass [glɑːs]	**glasses** [glɑːsiz]
Glas	Gläser
rose [rəʊz]	**roses** [rəʊziz]
Rose	Rosen
match [mætʃ]	**matches** [mætʃiz]
Streichholz	Streichhölzer
cage [keidʒ]	**cages** [keidʒiz]
Käfig	Käfige

3. **y** nach einem Konsonant wird zu **ies**:

berry	**berries**
Beere	Beeren

4. **f** oder **fe** wird zu **ves**:

calf	**calves**
Kalb	Kälber
knife	**knives**
Messer	Messer

Ausnahmen: **roofs** (Dächer), **proofs** (Beweise) **safes** (Safes)

5. **o** wird zu **oes**:

tomato	**tomatoes**
Tomate	Tomaten
hero	**heroes**
Held	Helden

Ausnahmen: **pianos** (Klavier), **photos** (Fotos)

6. Sonderfälle:

Singular		*Plural*
child	*Kind*	children
foot	*Fuß*	feet

goose	*Gans*	geese
louse	*Laus*	lice
man	*Mann*	men
mouse	*Maus*	mice
ox	*Ochse*	oxen
tooth	*Zahn*	teeth
woman	*Frau*	women

7. keine Pluralendungen haben einige Tierbezeichnungen:

sheep	**sheep**
Schaf	Schafe
deer	**deer**
Hirsch	Wild
fish	**fish(es)**
Fisch	Fische

8. zusammengesetzte Wörter:

mother-in-law	**mothers-in-law**
Schwiegermutter	Schwiegermütter
passer-by	**passers-by**
Passant	Passanten

aber:

grown-up	**grown-ups**
Erwachsener	Erwachsene
lay-by	**lay-bys**
Haltestelle	Haltestellen

s. auch SAMMELNAMEN und PAARIGE GEGENSTÄNDE

Plusquamperfekt (pluperfect)

◆ I *Bildung*
   'had'+PARTIZIP Perfekt in allen Personen:

einfache Form	*Kurzform*
I had seen	I'd seen

Verneinung	*Kurzform*
I had not seen	I hadn't seen

◆ II *Anwendung*
   1. zur Bezeichnung der Vorzeitigkeit einer Handlung der Vergangenheit gegenüber einer anderen Handlung der Vergangenheit; für letztere steht das Präteritum:

they had already left when we arrived
sie waren bereits gegangen, als wir
ankamen

Nach 'after' steht statt des Plusquamperfekts
oft auch das Präteritum, da ja die Vorzeitigkeit
schon durch die Konjunktion ausgedrückt wird:

**they had a baby four months after they
got married** vier Monate nachdem sie
geheiratet hatten, bekamen sie ein Kind

2. zur Bezeichnung der Fortdauer einer
Handlung von einem früheren bis zu einem
späteren Zeitpunkt in der Vergangenheit; im
Deutschen kann das einfache Präteritum mit
'schon' stehen:

**I'd been living there (for) five years when
the landlord gave me notice to leave**
ich wohnte schon fünf Jahre da, als der
Vermieter mir kündigte

3. in der INDIREKTEN REDE I 2c

4. in if-Sätzen (s. BEDINGUNGSSÄTZE)

5. in Nebensätzen, wenn im Hauptsatz das
Konditional steht (s. KONDITIONAL II)

6. in WUNSCHSÄTZEN

possessive case s. GENITIV

Possessivpronomen Es gibt substan-
tivische und adjektivische Possessivpronomen:

◆ I *adjektivische Possessivpronomen (possessive
adjectives)*

1. Formen:

my	**our**
mein	unser
your	**your**
dein; Ihr	euer; Ihr
his	**their**
sein	ihr
her	
ihr	
its	
sein; ihr	

2. Anwendung: Die Possessivpronomen werden im wesentlichen wie im Deutschen gebraucht. Abweichend vom Deutschen bezeichnen sie auch Körperteile:

I always clean my teeth before I go to bed
ich putze mir immer die Zähne, bevor ich schlafen gehe

go and wash your hands
geh und wasch dir die Hände

s. auch THEY

◆ II *substantivische Possessivpronomen* (*possessive pronouns*)

1. Formen:

mine	**ours**
meiner	unserer
yours	**yours**
deiner; Ihrer	euerer; Ihrer
his	**theirs**
seiner	ihrer
hers	
ihrer	
its	
seiner; ihrer	

2. Anwendung: wie im Deutschen:

this is my car – no, it's not yours, it's mine
das ist mein Auto – nein, das ist nicht deins, das ist meins

s. auch THEY

Präpositionen (*prepositions*) stehen wie im Deutschen gewöhnlich vor einem Substantiv oder einem Pronomen. In RELATIVSÄTZEN sowie beim PASSIV 3 können sie jedoch auch hinter dem Verb ohne das zugehörige Substantiv oder Pronomen stehen

Präsens (*present tense*) Das Präsens hat in der 3. Person Singular die Endung '-s', in allen anderen Personen ist es endungslos. MODALVERBEN haben in der dritten Person

....

Singular keine Endung '-s'. Die Endung '-s'
bewirkt folgende Änderungen in
Rechtschreibung und Aussprache:

1. endet das Verb auf einen Zischlaut, [s, z, ʃ, dʒ],
so tritt ein 'e' zwischen diesen und die Endung '-s',
sofern nicht bereits ein stummes 'e' hinter dem
Zischlaut steht. Das 'e' wird [ɪ] gesprochen:

to miss	→	he misses
to buzz	→	it buzzes
to wish	→	he wishes
to manage	→	he manages

2. auslautendes '-y' wird vor '-s' zu '-ie':
    to try → he tries

3. 'o' wird zu 'oes':
    to veto → he vetoes

4. unregelmäßige Bildungen: TO BE, TO DO, TO
HAVE

s. VERLAUFSFORM II 1, ZUKUNFT I 2

Präteritum (*past tense*)

◆I *Bildung*
Bei regelmäßigen Verben mit der Endung '-ed' in
allen Personen; in der Rechtschreibung ergeben
sich hierbei folgende Änderungen:

1. auslautendes 'y' wird vor '-ed' zu 'i':
    to try → he tried

2. 'o' wird zu 'oed'
    to veto → he vetoed

3. ist der letzte Buchstabe des Verbs ein
Konsonant, der hinter einem kurzen betonten
Vokal steht, so wird dieser vor '-ed' verdoppelt:
    to stop → he stopped

4. ist der letzte Buchstabe des Verbs ein 'e', so
entfällt er vor der Endung '-ed':
    to change → he changed

5. auslautendes 'r' und 'l' werden in
zweisilbigen Verben vor der Endung '-ed'
verdoppelt:
    to transfer → he transferred
    to travel → he travelled

Im Amerikanischen wird 'l' nicht verdoppelt

6. bei UNREGELMÄSSIGEN VERBEN ist das Präteritum die zweite Stammform:

to run → he ran

◆ II *Anwendung*

1. zur Bezeichnung einer abgeschlossenen Handlung in der Vergangenheit; das Präteritum steht auch dort, wo in der deutschen Umgangssprache das Perfekt steht:

I visited my aunt yesterday
gestern besuchte ich meine Tante *oder*
gestern habe ich meine Tante besucht

Zum unterschiedlichen Gebrauch von Präteritum und Perfekt s. PERFEKT.

2. s. INDIREKTE REDE I

3. statt des Plusquamperfekts nach 'after' (s. PLUSQUAMPERFEKT II 1)

4. in if-Sätzen (s. BEDINGUNGSSÄTZE 2)

5. nach AS THOUGH und AS IF

6. nach **nearly** und **almost**; im Deutschen steht der Konjunktiv ('hätte', 'wäre + ge-Partizip'):

he nearly fell off the ladder
beinahe wäre er von der Leiter gefallen
he almost drowned
er wäre fast ertrunken

7. in WUNSCHSÄTZEN

8. nach den Ausdrücken 'it's (high) time, it's about time'; im Deutschen steht das Präsens:

it's about time you went to bed
es ist Zeit, daß du schlafen gehst
it's high time they started
es wird höchste Zeit, daß sie anfangen

progressive form s. VERLAUFSFORM

question tags s. FRAGEANHÄNGSEL

quite Adverb (deutsch 'ziemlich', 'recht', 'ganz'):

1. vor Adjektiven und Adverbien:

it's quite difficult
es ist ziemlich schwierig

I knew his father quite well
ich habe seinen Vater recht gut gekannt
that's quite impossible
das ist ganz unmöglich
2. vor Substantiven mit dem unbestimmten Artikel; vor 'a lot', 'a bit', 'a few':
it was quite a surprise
es war eine ziemliche Überraschung
he drank quite a lot
er hat ziemlich viel getrunken

Reflexivpronomen (reflexive pronouns)

◆ I *Formen*
I hurt *myself*
ich habe mich verletzt
you hurt *yourself*
du hast dich (Sie haben sich) verletzt
he hurt *himself*
er hat sich verletzt
she hurt *herself*
sie hat sich verletzt
it hurt *itself*
es hat sich verletzt
we hurt *ourselves*
wir haben uns verletzt
you hurt *yourselves*
ihr habt euch (Sie haben sich) verletzt
they hurt *themselves*
sie haben sich verletzt

◆ II *Anwendung*
1. zur Bezeichnung des Objekts bei Gleichheit von Subjekt und Objekt (Beispiele s. unter I)
2. in der Bedeutung 'selbst', 'selber'; hinter dem Subjekt oder am Ende des Satzes:
the Queen herself was present
die Königin selbst war da
do it yourself!
mach es selbst!

Relativpronomen S. RELATIVSÄTZE

Relativsätze (*relative clauses*)

◆ I *Relativsätze, die sich auf ein Substantiv beziehen*

1. Relativpronomen:

a) **who**, *Objektform auch* **whom** (besonders in Schriftsprache und in gehobener Sprache, s. auch FRAGEN II): für Personen

b) **which**: für Tiere, Dinge und Abstrakta

c) **that** kann für alle unter a) und b) genannten Kategorien stehen

Die Genitivform **whose** von 'who' kann auch statt der wenig gebräuchlichen Formen 'of which' und 'of that' stehen.

2. die Wortstellung im Relativsatz entspricht der des Hauptsatzes, wobei das Relativpronomen am Anfang steht:

(Relativpronomen) – Subjekt – Prädikat – Objekt

3. Typen von Relativsätzen:

a) 'notwendige Relativsätze' geben eine Art Definition des Bezugswortes, ohne die der Hauptsatz keinen Sinn ergäbe:

> **have you seen the man who's moved in next door?** hast du den Mann gesehen, der nebenan eingezogen ist?

Notwendige Relativsätze werden nicht durch Kommas vom Hauptsatz abgetrennt.

b) ergänzende Relativsätze geben nur eine zusätzliche Information. Der Hauptsatz ergäbe auch ohne sie einen Sinn:

> **Mr Reed, who moved in next door three months ago, is a very nice man** Herr Reed, der vor drei Monaten nebenan eingezogen ist, ist ein sehr netter Mann

Sie werden vom Rest des Satzes durch Kommas abgetrennt.

4. ist das Relativpronomen Objekt oder folgt es einer Präposition, so kann es in notwendigen Relativsätzen entfallen. Die Präposition tritt dabei an das Ende des Relativsatzes:

he can't live on the money he gets from social security
er kann nicht von dem Geld leben, das er vom Sozialamt bekommt

the girl he once proposed to has now married a rich businessman
das Mädchen, dem er einst einen Heiratsantrag gemacht hat, hat jetzt einen reichen Geschäftsmann geheiratet

Die Präposition kann jedoch in etwas gehobener Sprache am Anfang des Satzes bleiben; in diesem Falle muß das Relativpronomen stehen:

the girl to whom he once proposed has now married a rich businessman

5. 'where' und 'when' anstelle von Relativpronomen:

that's the bench where you first kissed me das ist die Bank, auf der du mich zum ersten Mal geküßt hast

in times when there is high unemployment a lot of people commit suicide in Zeiten, in denen die Arbeitslosigkeit hoch ist, begehen viele Menschen Selbstmord

◆ II *Relativsätze, die sich auf einen Satz beziehen*
1. Bezug auf einen vorangehenden Satz:

he helped me with the ironing, which was very kind of him er half mir beim Bügeln, was sehr nett von ihm war

2. Relativsatz als Ergänzung des Verbs. Der Relativsatz steht ohne Bezugswort hinter dem Verb oder einer Präposition, die zu diesem gehört; Relativpronomen ist **what**, welches die Kurzform für das ungebräuchliche 'that which' (deutsch 'das, was') ist:

don't listen to what he says
hör nicht auf das, was er sagt

I don't know what you mean
ich weiß nicht, was du meinst

're KURZFORM für 'are' (S. TO BE)

reported speech S. INDIREKTE REDE

's 1. KURZFORM für 'is' (S. TO BE) und für 'has' (S. PERFEKT I)

    2. Endung des Genitivs (S. GENITIV I 1)

Sammelnamen sind Substantive, die nur (oder in einer bestimmten Bedeutung nur) die Pluralform haben, oder die in der Singularform als Plural aufgefaßt werden.

    1. Substantive mit Pluralform. Diese Substantive, die oft aus verschiedenen Teilen bestehend gedacht sind, verlangen ein Verb im Plural. Im Deutschen stehen sowohl das Substantiv als auch das Verb im Singular. Einige der wichtigsten dieser Substantive sind:

barracks	**headquarters**
Kaserne	Sitz, Hauptquartier
belongings	**stairs**
Habe	Treppe
contents*	**steps**
Inhalt	Treppe (im Freien)
goods	**wages****
Ware(n)	Lohn

*ist bisweilen auch Singular 'content'
**in Zusammensetzungen Singular: wage negotiations (*Lohnverhandlungen*), wage freeze (*Lohnpause*) u.ä.

    the barracks are outside the town
       die Kaserne liegt außerhalb der Stadt
    the stairs are always dirty
       die Treppe ist immer schmutzig

    2. Substantive im Singular mit Pluralbedeutung. Hierunter fallen Substantive, die eine Gruppe von Personen bezeichnen:

class	**government**
Klasse	Regierung
clergy	**police**
Klerus, Geistliche	Polizei

committee	staff
Komitee	Belegschaft, Mitarbeiter
company	**trade union**
Firma	Gewerkschaft

Je nachdem, ob die Gruppe als ganzes oder die einzelnen Mitglieder im Mittelpunkt der Betrachtung stehen, steht das Verb im Singular bzw. im Plural:

the police were accused of ...
der Polizei wurde vorgeworfen, ...
the police is an institution that ...
die Polizei ist eine Institution, die ...

-self, -selves S. REFLEXIVPRONOMEN

shall MODALVERB (verneint 'shall not', Kurzform 'shan't') mit folgenden Funktionen und Bedeutungen:

1. Bildung des FUTURS
2. Vorschlag in Frageform (deutsch 'wollen wir') oder Frage nach Handlungsanweisung (deutsch 'soll ich', 'sollen wir'); diese Anwendung gibt es nur in der ersten Person:

shall we go to the pictures tonight?
wollen wir heute abend ins Kino gehen?
where shall we put the cupboard?
wohin sollen wir den Schrank stellen?

3. Absicht des Sprechers bezüglich der 2. und 3. Person:

you shall pay for this
du sollst dafür büßen
they shan't come in
sie sollen nicht hereinkommen

4. Gebot und Verbot in formal-juristischer Sprache:

all players shall obey the referee
alle Spieler müssen den Anweisungen des Schiedsrichters folgen

shan't KURZFORM VON SHALL NOT

she S. PERSONALPRONOMEN I

....

short forms S. KURZFORMEN

should MODALVERB (verneint 'should not', Kurzform 'shouldn't') mit folgenden Funktionen und Bedeutungen:

1. Bildung des KONDITIONALS
2. Verpflichtung oder logische Notwendigkeit (deutsch 'sollte', 'hätte ... sollen'):

   he should see a doctor
   er sollte einen Arzt aufsuchen

   you shouldn't say things like that
   so was solltest du nicht sagen

   you really should tell her – should I? du solltest ihr das wirklich sagen – wirklich?

   strictly speaking that should be your job
   streng genommen sollte das deine Aufgabe sein

   you should have *oder* **should've asked me**
   du hättest mich fragen sollen

   I shouldn't have said that
   das hätte ich nicht sagen sollen

3. Befehl in der INDIREKTEN REDE
4. Vermutung (deutsch 'dürfte'):

   that should be interesting
   das dürfte interessant sein

   that shouldn't be too hard
   das dürfte nicht zu schwer sein

   they should have finished by now
   sie dürften jetzt fertig sein

5. Ausdruck des Erstaunens oder Bedauerns und nach unpersönlichen Wendungen wie 'it is funny that' oder 'it is a pity that':

   who should it be but Claire!
   und wer war's – Claire!

   it's funny that a Scotsman should talk about spending money
   es ist komisch, daß ein Schotte von Geldausgeben spricht

   it's a pity they should be so inflexible
   es ist schade, daß sie so unflexibel sind

since s. PERFEKT II 2b

so dient als Satzadverb
1. zur Bezugnahme auf einen vorher
geäußerten Satz; 'so' steht nach Verben wie **to
think, to hope, to suppose, to say**:
> **will you be able to finish it on time? – I
> hope so (I don't think so)**
> wirst du es rechtzeitig abschließen
> können? – ich hoffe es (ich glaube nicht)
2. zum Ausdruck von AUCH 4
3. vor einem Adjektiv als Hinweis auf eine
folgende Infinitivkonstruktion mit **as to**:
> **I'm not so stupid as to believe everything
> you read in the newspapers**
> ich bin nicht so dumm, daß ich alles glaube,
> was die Zeitungen schreiben

some Indefinitpronomen, adjektivisch und
substantivisch (deutsch 'etwas', 'einige')
1. in bejahten Sätzen:
> **there's some (soup) left**
> es ist noch etwas (Suppe) übrig
2. 'some' steht auch in Fragesätzen, wenn
hierdurch eine Bitte ausgedrückt wird:
> **can I have some more please?**
> kann ich bitte noch etwas haben?
3. in Frage- und Bedingungssätzen kann 'some'
in vielen Fällen austauschbar mit ANY verwendet
werden:
> **is there some** *oder* **any ice left?**
> ist noch Eis da?
> **have you got some** *oder* **any paper clips?**
> haben Sie Büroklammern?

aber:
> **do you think maybe he has some friends
> there?** (*nicht 'any'*)
> meinst du, er hat vielleicht Bekannte da?

Wenn jedoch 'irgend etwas' oder 'irgend welche'
gemeint ist, wird 'any' und nicht 'some' verwendet

....

somebody, someone Indefinitpronomen
(deutsch 'jemand')
1. in bejahten Sätzen:
   somebody made a big mistake
   da hat jemand einen großen Fehler
   gemacht
   somebody's got to do it
   irgend jemand muß es ja machen
2. in Frage- und Bedingungssätzen kann
   'somebody' oft austauschbar mit ANYBODY
   verwendet werden:
   would you like someone *oder* **anyone to
   help you?**
   möchten Sie, daß Ihnen jemand hilft?
   do you know someone *oder* **anyone who
   could do it?**
   kennen Sie jemand, der das tun könnte?
aber:
   have you met somebody new? (*nicht*
   'anybody')
   hast du jemand anderes kennengelernt?
   Wenn 'irgend jemand' gemeint ist, steht
   'anybody' eher als 'somebody'

something Indefinitpronomen (deutsch
'etwas')
1. in bejahten Sätzen:
   **he always has something to complain
   about** er hat immer etwas, worüber er sich
   beschwert
   there's something wrong
   da stimmt etwas nicht
2. 'something' steht auch in Frage- und
   Bedingungssätzen, wenn es etwas Bestimmtes
   ausdrückt:
   **if you know something about it, you must
   tell me** wenn du etwas darüber weißt,
   mußt du es mir sagen
   can I tell you something?
   darf ich Ihnen was sagen?

do you know something I don't?
wissen Sie etwas, was ich nicht weiß?

'Something' kann oft austauschbar mit 'anything' verwendet werden:

would you like something *oder* **anything else?** möchten Sie sonst noch etwas?

Wenn 'irgend etwas' gemeint ist, steht ANYTHING anstatt 'something'

somewhere deutsch 'irgendwo'

1. in bejahten Sätzen:

I'm sure I've seen him somewhere before
ich bin mir sicher, daß ich ihn schon einmal irgendwo gesehen habe

2. 'somewhere' steht auch in Frage- und Bedingungssätzen, wenn nach einem bestimmten Ort gefragt wird:

if you know somewhere good to eat
wenn Sie wissen, wo man gut essen kann

is it perhaps somewhere near here?
ist das vielleicht irgendwo hier in der Nähe?

'Somewhere' kann oft austauschbar mit 'anywhere' verwendet werden:

have you seen him somewhere *oder* **anywhere before?** haben Sie ihn schon mal irgendwo gesehen?

Wenn die Betonung auf *irgend*wo liegt, steht eher ANYWHERE als 'somewhere'

Steigerung

◆ I *Formen* Es gibt zwei Arten der Steigerung: eine, die die Steigerungsstufen mit den Endungen **-er** und **-est** bildet, und eine, die sie durch Vorsetzen von **more** und **most** bildet:

clean, cleaner, cleanest
sauber, sauberer, am saubersten

interesting, more interesting, most interesting
interessant, interessanter, am interessantesten

1. Steigerung auf '-er, -est':

a) Änderungen in der Rechtschreibung: der auslautende Konsonant eines Adjektivs, der nach einem kurzen betonten Vokal steht, wird verdoppelt:

hot, hotter, hottest

auslautendes 'y' wird zu 'i':

easy, easier, easiest

auslautendes stummes 'e' entfällt:

nice, nicer, nicest

b) Art der Adjektive und Adverbien, die auf '-er, -est' gesteigert werden:
einsilbige Adjektive sowie zweisilbige Adjektive, die auf '-y', '-le', oder '-er' enden:

dark, darker, darkest
pretty, prettier, prettiest
able, abler, ablest
clever, cleverer, cleverest

Bei den zweisilbigen Adjektiven sind oft beide Formen der Steigerung möglich (z.B. 'common, commoner, commonest' neben 'common, more common, most common'), so daß nur Richtlinien, keine unumstößlichen Regeln gegeben werden können. Einsilbige Adverbien werden ebenfalls auf '-er', '-est' gesteigert:

fast, faster, fastest
soon, sooner, soonest

2. Steigerung mit 'more' und 'most':
die nicht unter 1b) genannten zweisilbigen sowie alle mehrsilbigen Adjektive; ferner die Adverbien auf '-ly':

pleasant, more pleasant, most pleasant
difficult, more difficult, most difficult
slowly, more slowly, most slowly

Merke: **early, earlier, earliest** (als Adverb)

3. unregelmäßige Steigerung:

bad *(schlecht),* **worse, worst**
far *(weit),* **further, furthest**
good/well *(gut),* **better, best**
little *(wenig),* **less, least**

many *(viele)*, **more, most**
much *(viel)*, **more, most**
old *(alt)*, **elder, eldest***

*nur in bezug auf Geschwister ('elder brother',
'elder sister' etc.), sonst regelmäßig

◆ II *Anwendung*
Die Steigerung dient dazu, Vergleiche
anzustellen. Hierzu werden Adjektive und
Adverbien in drei Stufen eingeteilt:
1. Vergleiche in der Grundstufe:
  a) mit **as ... as** (deutsch 'so ... wie'):
    Moscow is almost as big as London
    Moskau ist fast so groß wie London
  b) mit **not as ... as** (deutsch 'nicht so ... wie'):
    beer is not as expensive as wine
    Bier ist nicht so teuer wie Wein
2. Vergleiche im Komparativ:
  a) mit **than** (deutsch 'als'):
    my new car is faster than the old one
    mein neues Auto ist schneller als das alte
    **the air in London is cleaner than it used
    to be** die Luft in London ist sauberer, als
    sie es früher einmal war
    Tim is older than me
    Tim ist älter als ich
Alleinstehende Personalpronomen hinter
'than' haben meist die Objektform. 'Tim is older
than I' wirkt im heutigen Englisch geziert
  b) mit **the ... the** (deutsch 'je ... desto') mit
doppeltem Komparativ:
    **the higher the pay the less work you have
    to do** je höher die Bezahlung, desto
    weniger braucht man zu arbeiten
3. Vergleiche im Superlativ:
    **the commonest surname in the
    English-speaking world is Smith**
    der gebräuchlichste Nachname in der
    englischsprachigen Welt ist Smith
Wenn statt des üblichen bestimmten Artikels

der unbestimmte Artikel vor 'most' steht, drückt
dieses keinen Vergleich, sondern Intensität oder
ein hohes Maß aus:

> **that was a most interesting talk**
> das war ein höchst interessanter Vortrag

4. negative Steigerung: ähnlich wie 'more' und
'most' können auch **less** und **least**
unterschiedliche Grade ausdrücken (deutsch
'weniger', 'am wenigsten):

> **the world's least developed countries**
> die am wenigsten entwickelten Länder der
> Welt

still s. NOCH 1

Stützwort s. ADJEKTIV III

Substantiv Es kann ohne Artikel oder hinter
A oder THE stehen. Das Substantiv kann durch
Bildung des GENITIVS oder des PLURALS verändert
werden. Für den richtigen Gebrauch des
Substantivs ist es wichtig zu wissen, ob es zählbar
ist, d.h. ob es sowohl Singular als auch Plural
bilden kann. Nicht zählbare Substantive können
nicht mit dem unbestimmten Artikel stehen und
erfordern immer ein Verb im Singular, wenn sie
Subjekt sind. Es gibt einige Substantive, die im
Englischen im Gegensatz zum Deutschen nicht
zählbar sind:

> **the news is on**
> es kommen gerade Nachrichten (*im
> Rundfunk oder Fernsehen*)
> **the information the spy had gathered**
> die Informationen, die der Spion
> gesammelt hatte

Eine einzelne Information oder Nachricht wird
durch 'piece of' ausgedrückt:

> **that's an important piece of
> news/information** dies ist eine wichtige
> Nachricht/Information

Zu Besonderheiten im Gebrauch des Singulars

und Plurals s. SAMMELNAMEN und PAARIGE
GEGENSTÄNDE

such a 'solch ein', 'so ein'
> **I've never stayed in such a good hotel before**
> ich war noch nie in so einem guten Hotel
> **the trains all stop there for such a long time** alle Züge halten dort so lange

Superlativ s. STEIGERUNG

Tages- und Uhrzeit
1. Tageszeiten:
> **in the morning/afternoon/evening**
> morgens/nachmittags/abends
> **during the day**
> tagsüber
> **during the night**
> in der Nacht
> **at night**
> nachts
> **at midday**
> mittags
> **at midnight**
> um Mitternacht
> **at daybreak**
> bei Tagesanbruch
> **at sunrise**
> bei Sonnenaufgang
> **at sunset**
> bei Sonnenuntergang

2. Uhrzeit:
> **at five (o'clock)**
> um fünf
> **five past one**
> fünf nach eins
> **(a) quarter past* ten, ten fifteen**
> Viertel nach zehn
> **half past six, six thirty**
> halb sieben

twenty to eight, seven forty
zwanzig vor acht
(a) quarter to three, two forty-five
Viertel vor drei
*Im Amerikanischen 'after'

Im Gegensatz zum Deutschen wird 'half' (deutsch 'halb') noch zur vergangenen Stunde gerechnet. Dies kann besonders verwirrend sein, da 'past' bei solchen Angaben in der Umgangssprache oft ausgelassen wird:

half three
halb vier

Die Angabe der Zeit auf 24-Stunden-Grundlage ist in der gesprochenen Sprache nicht üblich. Zur Präzisierung kann für die Vormittagsstunden ein a.m. [eɪ em] und für die Nachmittagsstunden ein p.m. [piː em] hinzugefügt werden.

at two p.m.
um vierzehn Uhr,
um zwei Uhr nachmittags
at eight a.m.
um acht Uhr morgens

Einige Redewendungen:

what time is it? *oder* **what's the time?**
wie spät ist es?
it was gone (*oder* **past**) **two o'clock in the morning when he came home**
es war schon zwei Uhr früh durch, als er nach Hause kam
my watch is ten minutes fast/slow
meine Uhr geht zehn Minuten vor/nach

tag questions S. FRAGEANHÄNGSEL

than S. STEIGERUNG II 2a

that S. DEMONSTRATIVPRONOMEN

the [ðə], betont und vor Vokalen [ðiː], bestimmter Artikel (deutsch 'der, die, das').

Es gibt einige Fälle, in denen im Englischen im Gegensatz zum Deutschen kein bestimmter

....

Artikel steht. Diese sind:
  1. Abstrakta:
    time flies
      die Zeit fliegt nur so dahin
    crime is on the rise
      die Kriminalität nimmt zu
    English grammar is difficult
      die englische Grammatik ist schwierig
Merke: Wenn das abstrakte Wort näher bestimmt
ist, steht der Artikel:
    the time we had together was far too
      short die Zeit, die uns zusammen blieb,
      war viel zu kurz
  2. Namen von Straßen, Bergen, Seen, Planeten,
auch von Personen:
    he lives in Elm Road
      er wohnt in der Elm Road
    another expedition is on the way up
      Mount Everest
      es ist wieder eine Expedition auf dem Wege
      hinauf zum Mount Everest
    Lake Superior is the largest lake on the
      American continent der Obere See ist der
      größte See auf dem amerikanischen
      Kontinent
    there is no life on Mars
      auf dem Mars gibt es kein Leben
    Dagmar, poor Dagmar
      die Dagmar, die arme Dagmar
Merke: in the High Street, on the Matterhorn
  3. zur Bezeichnung des Besuchs von Schulen,
Kirchen u.ä.:
    Herbert goes to church every Sunday
      Herbert geht jeden Sonntag zur Kirche
    our children learn a lot at school
      unsere Kinder lernen viel in der Schule
Ist dagegen nicht die Institution, sondern das
Gebäude gemeint, so steht der Artikel:
    the church at the corner
      die Kirche an der Ecke

4. Ideologien und Religionen:
a strong opponent of socialism
ein entschiedener Gegner des Sozialismus
Catholicism is ...
der Katholizismus ist ...
5. Wochentage und Monatsnamen ohne Datum:
on Tuesday
am Dienstag
in March
im März
6. Mahlzeiten:
breakfast is ready
das Frühstück ist fertig
we had lunch at one
wir aßen um eins zu Mittag

the ... the ... s. STEIGERUNG II 2 b

their, theirs s. POSSESSIVPRONOMEN

them s. PERSONALPRONOMEN I

these s. DEMONSTRATIVPRONOMEN

they 1. s. PERSONALPRONOMEN I
2. **they** und die entsprechenden Formen **them**,
their und **theirs** werden auch zum Ausdruck
eines unbestimmten Subjekts gebraucht:
if anyone thinks they can do it faster
wenn jemand meint, er (*oder* sie) kann es
schneller machen
when he or she has finished their work
wenn er oder sie mit der Arbeit fertig ist
**has everybody brought their own food
with them?**
hat jeder das eigene Essen mitgebracht?

this, those s. DEMONSTRATIVPRONOMEN

too s. AUCH 2

Uhrzeit s. TAGES- UND UHRZEIT

Umstandswort s. ADVERB

unbestimmter Artikel s. A

uncountable nicht zählbar, s. SUBSTANTIV

unless s. BEDINGUNGSSÄTZE 1

unregelmäßige Verben Die erste der genannten Formen ist jeweils der Infinitiv, die zweite das Präteritum und die dritte das Partizip Perfekt. Von den zusammengesetzten Verben sind nur die gebräuchlichsten aufgenommen. Die Formen eines Verbs wie 'undergo' kann man unter 'go' finden; die Vorsilbe 'under-' muß man dann natürlich jeweils der Form hinzufügen.

be	was	been
bear	bore	borne
beat	beat	beaten
begin	began	begun
bend	bent	bent
bet	bet	bet
bind	bound	bound
bite	bit	bitten
bleed	bled	bled
blow	blew	blown
break	broke	broken
breed	bred	bred
bring	brought	brought
broadcast	broadcast[1]	broadcast[1]
build	built	built
burn	burnt[1]	burnt[1]
burst	burst	burst
buy	bought	bought
cast	cast	cast
catch	caught	caught
choose	chose	chosen
cling	clung	clung
come	came	come
cost	cost	cost[2]
creep	crept	crept
cut	cut	cut
deal	dealt	dealt

dig	dug	dug
do	did	done
draw	drew	drawn
dream	dreamt[1]	dreamt[1]
drink	drank	drunk
drive	drove	driven
dwell	dwelt	dwelt
eat	ate	eaten
fall	fell	fallen
feed	fed	fed
feel	felt	felt
fight	fought	fought
find	found	found
flee	fled	fled
fling	flung	flung
fly	flew	flown
forbid	forbade[3]	forbidden
forecast	forecast	forecast
foresee	foresaw	foreseen
forget	forgot	forgotten
forgive	forgave	forgiven
freeze	froze	frozen
get	got	got[4]
give	gave	given
go[5]	went	gone
grind	ground	ground
grow	grew	grown
hang	hung[6]	hung[6]
have	had	had
hear	heard	heard
hide	hid	hidden
hit	hit	hit
hold	held	held
hurt	hurt	hurt
keep	kept	kept
kneel	knelt	knelt
know	knew	known
lay	laid	laid
lead	led	led
lean	leant[1]	leant[1]

leap	leapt[1]	leapt[1]
learn	learnt[1]	learnt[1]
leave	left	left
lend	lent	lent
let	let	let
lie	lay	lain
light	lit[1]	lit[1]
lose	lost	lost
make	made	made
mean	meant	meant
meet	met	met
mislead	misled	misled
mistake	mistook	mistaken
mow	mowed	mown
overcome	overcame	overcome
overhear	overheard	overheard
oversleep	overslept	overslept
overtake	overtook	overtaken
overthrow	overthrew	overthrown
pay	paid	paid
put	put	put
quit	quit[1]	quit[1]
read	read [red]	read [red]
ride	rode	ridden
ring	rang	rung
rise	rose	risen
run	ran	run
saw	sawed	sawn[1]
say	said	said
see	saw	seen
seek	sought	sought
sell	sold	sold
send	sent	sent
set	set	set
sew	sewed	sewn[1]
shake	shook	shaken
shed	shed	shed
shine	shone	shone
shoot	shot	shot
show	showed	shown

shrink	shrank[7]	shrunk[8]
shut	shut	shut
sing	sang	sung
sink	sank	sunk
sit	sat	sat
sleep	slept	slept
slide	slid	slid
sling	slung	slung
slink	slunk	slunk
slit	slit	slit
sow	sowed	sown[1]
speak	spoke	spoken
spend	spent	spent
spin	spun[9]	spun
spit	spat	spat
split	split	split
spoil	spoilt[1]	spoilt[1]
spread	spread	spread
spring	sprang	sprung
stand	stood	stood
steal	stole	stolen
stick	stuck	stuck
sting	stung	stung
stink	stank[10]	stunk
strew	strewed	strewn[1]
strike	struck	struck
string	strung	strung
strive	strove	striven
swear	swore	sworn
sweep	swept	swept
swim	swam	swum
swing	swung	swung
take	took	taken
teach	taught	taught
tear	tore	torn
tell	told	told
think	thought	thought
throw	threw	thrown
thrust	thrust	thrust
tread	trod	trodden[11]

understand	understood	understood
undertake	undertook	undertaken
upset	upset	upset
wake	woke[1]	woken[1]
wear	wore	worn
weave	wove	woven
weep	wept	wept
win	won	won
wind	wound	wound
withdraw	withdrew	withdrawn
wring	wrung	wrung
write	wrote	written

1) Neben der unregelmäßigen ist auch die regelmäßige Form mit 'ed' möglich
2) **costed** heißt 'kalkulierte'
3) daneben auch **forbad**
4) im Amerikanischen auch **gotten**
5) 3. Person Singular Präsens **goes**
6) **hanged** heißt 'aufgehängt' (als Todesstrafe)
7) daneben auch **shrunk**
8) daneben auch **shrunken**
9) daneben auch **span**
10) daneben auch **stunk**
11) daneben auch **trod**

us S. PERSONALPRONOMEN I

used to MODALVERB, drückt eine gewohnheitsmäßige Handlung oder einen Dauerzustand in der Vergangenheit aus:
> **we used to play here when we were kids**
> hier haben wir in unserer Kindheit immer gespielt

Frage und Verneinung werden mit 'did ... use to?' und '... didn't use to' oder mit 'used ... to' und 'used not to' (Kurzform 'usedn't to') gebildet:
> **didn't everyone use to breastfeed their babies?** haben früher nicht alle ihre Kinder gestillt?
> **he didn't use to be so forgetful**
> früher war er nicht so vergeßlich

Helga used not to like living in Hamburg
früher hat es Helga in Hamburg nicht
gefallen

I don't believe it now, but I used to
früher habe ich daran geglaubt, aber jetzt
nicht mehr

used you to know him?
haben Sie ihn früher gekannt?

've KURZFORM VON HAVE

Verb Da die Verben abgesehen von der 3.
Person Singular Präsens keine Personalendung
haben, ist hier, stellvertretend für alle Personen,
die 1. Person Singular angegeben und ggf. die 3.
Person Singular, sofern sie von der letzteren
abweicht. Bei den zusammengesetzten Zeiten ist
nur die 1. Person Singular des Hilfsverbs
angegeben. Die Formen von TO BE und TO HAVE,
die z.T. unterschiedlich in den einzelnen
Personen sind, finden sich unter diesen Verben.
Wo eine Kurzform besteht, wird nur diese
angegeben.

1. Aktiv

	bejahte Form	Frage	Verneinung
		Präsens	
einfaches	I ask,	do I ask?	I don't ask
	he asks	does he ask?	he doesn't ask
Verlaufs-	I'm asking	am I asking?	I'm not
form			asking
		Präteritum	
einfaches	I asked	did I ask?	I didn't ask
Verlaufs-	I was	was I	I wasn't
form	asking	asking?	asking
		Perfekt	
einfaches	I've	have I	I haven't
	asked	asked?	asked
Verlaufs-	I've been	have I	I haven't
form	asking	been asking?	been asking

Plusquamperfekt

einfaches	I'd asked	had I asked?	I hadn't asked
Verlaufs-form	I'd been asking	had I been asking?	I hadn't been asking

Futur I

einfaches	I'll ask	will I ask?	I won't ask
Verlaufs-form	I'll be asking	will I be asking?	I won't be asking

Futur II

einfaches	I'll have asked	will I have asked?	I won't have asked
Verlaufs-form	I'll have been asking	will I have been asking?	I won't have been asking

Konditional I

einfaches	I'd ask	would I ask?	I wouldn't ask
Verlaufs-form	I'd be asking	would I be asking?	I wouldn't be asking

Konditional II

einfaches	I'd've asked	would I have asked?	I wouldn't have asked
Verlaufs-form	I'd've been asking	would I have been asking	I wouldn't have been asking

Imperativ ask
let's ask

2. Passiv

Präsens

einfaches	I'm asked	am I asked?	I'm not asked
Verlaufs-form	I'm being asked	am I being asked?	I'm not being asked

Präteritum

einfaches	I was asked	was I asked?	I wasn't asked
Verlaufs-form	I was being asked	was I being asked?	I wasn't being asked

Perfekt

I've been asked	have I been asked?	I haven't been asked

Plusquamperfekt

I'd been asked	had I been asked?	I hadn't been asked

Futur I

	I'll be asked	will I be asked?	I won't be asked
einfaches	I'll be asked	will I be asked?	I won't be asked
Verlaufs-form	I'll be being asked	will I be being asked?	I won't be being asked

Futur II

I'll have been asked	will I have been asked?	I won't have been asked

Konditional I

einfaches	I'd be asked	would I be asked?	I wouldn't be asked
Verlaufs-form	I'd be being asked	would I be being asked?	I wouldn't be being asked

Konditional II

I'd've been asked	would I have been asked?	I wouldn't have been asked

s. auch INFINITIV, GERUNDIUM, PARTIZIP

Verb-Adverb-Verbindungen *(phrasal verbs)*

1. Bei transitiven Verben: Das Objekt steht hinter dem Adverb oder zwischen Verb und Adverb:

he cut off a huge chunk of bread
   er schnitt ein riesiges Stück Brot ab
he cut a huge chunk of bread off
   er schnitt ein riesiges Stück Brot ab

Es besteht die Tendenz, ein längeres oder betontes Objekt dem Adverb folgen zu lassen:

put your coat on
   zieh deinen Mantel an

she put on the necklace her fiancé had given her for her birthday
sie legte sich die Halskette um, die ihr ihr Verlobter zum Geburtstag geschenkt hatte

Wenn das Objekt ein Pronomen ist, muß es zwischen Verb und Adverb stehen:

he cut it off
er schnitt es ab

2. Bei intransitiven Verben: Das Adverb steht hinter dem Verb und wird nicht davon getrennt:

the pond has dried up
der Teich ist ausgetrocknet

he didn't get back till after midnight
er kam erst nach Mitternacht zurück

In einigen Fällen kann das Adverb auch am Satzanfang vor dem Subjekt stehen:

off we go!
jetzt geht's los!

up you come!
hoch mit dir!

Merke: Bei Verben, die in Wörterbüchern als 'nicht trennbar' angegeben sind, kann das Objekt nur hinter dem Verb stehen:

he still hasn't got over Susie/her
er kann Susie/sie immer noch nicht vergessen

Vergangenheit s. PRÄTERITUM

Verhältniswörter s. PRÄPOSITIONEN

Verlaufsform (continuous oder progressive form)

◆ I *Formen*
Die Verlaufsform setzt sich aus der entsprechenden Zeitform von TO BE und der -ing-Form zusammen:

I'm reading
ich lese (gerade)

I was reading
ich las (gerade)

I'm being served
ich werde schon bedient
Eine Liste aller Formen befindet sich unter
VERB

◆ II *Anwendung*
Die Verlaufsform bezeichnet grundsätzlich
einen Vorgang oder eine Handlung, die zu einem
bestimmten Zeitpunkt noch andauern. Für die
einzelnen Zeiten ergeben sich folgende
Besonderheiten:
1. die Verlaufsform des Präsens bezeichnet
a) etwas, was während der Sprechsituation
geschieht:
**what are you doing in the kitchen? – I'm
making coffee** was machst du in der
Küche? – ich koche Kaffee
you're not trying
du versuchst es ja gar nicht richtig
quiet! I'm thinking
Ruhe! ich denke nach
he's being sarcastic
er meint das ironisch
b) etwas, was zur Zeit (nicht unbedingt im
Augenblick der Sprechsituation) geschieht:
**I'm reading an interesting book at the
moment**
zur Zeit lese ich ein interessantes Buch
dagegen:
I read lots of interesting books
ich lese viele interessante Bücher
(Gewohnheit)
she is working for an oil company now
sie arbeitet jetzt für eine Ölgesellschaft
(betont, daß sie früher woanders gearbeitet hat)
dagegen:
she works in an office
sie arbeitet in einem Büro
*(allgemeine Aussage über ihre berufliche
Tätigkeit)*

c) etwas, was jetzt ausnahmsweise im Gegensatz zum Normalfall geschieht:

I usually walk to work but today I'm using the car normalerweise gehe ich zu Fuß zur Arbeit, aber heute fahre ich mit dem Auto

d) eine wiederholte Handlung, wenn sie als Vorwurf gemeint ist:

he is always talking about himself immer muß er über sich sprechen

you're always being so apologetic du entschuldigst dich immer so

Ansonsten steht für wiederholte Handlungen das einfache Präsens:

they always go to church on Sundays sie gehen sonntags immer in die Kirche

e) eine zukünftige Handlung, s. ZUKUNFT I 2

2. die Verlaufsform des Präteritums bezeichnet

a) etwas, was zu einem bestimmten Zeitpunkt andauerte:

she was working for an oil company at that time zu der Zeit arbeitete sie (gerade) für eine Ölgesellschaft

b) eine Situation, die bei einem bestimmten Ereignis vorherrschte; das Ereignis wird durch das einfache Präteritum wiedergegeben:

she was watching TV when I came home sie sah fern, als ich nach Hause kam

c) eine allmähliche Entwicklung

it was getting warmer es wurde wärmer

3. die Verlaufsform des Futurs bezeichnet u.a. einen Dauerzustand in der Zukunft, eine Art Voraussage oder eine Absicht:

what will you be doing this time next year? was machst du nächstes Jahr um diese Zeit?

when will you be seeing him again? wann siehst du ihn wieder?

they'll be asking for more money soon
  sie werden bald mehr Geld verlangen
we'll be posting it this afternoon
  wir schicken das heute nachmittag weg
I'm going and I won't be coming back
  ich gehe und ich komme nicht wieder
Sie kann oft austauschbar mit der einfachen
Form des Futurs verwendet werden:
it'll be getting dark earlier now *oder* **it'll
get dark earlier now**
  es wird jetzt früher dunkel werden
  4. Verlaufsform des Perfekts und
Plusquamperfekts, s. PERFEKT und
PLUSQUAMPERFEKT

◆ III *Verben, die nicht oder nur bedingt in der
Verlaufsform stehen können*
  a) Verben der sinnlichen Wahrnehmung: to
hear, to see, to smell etc.
Ausnahmen:
the image you are now seeing
  das Bild, das Sie jetzt sehen
I must be hearing things
  ich glaub', ich hör' nicht recht
I've been hearing about you
  ich habe Sachen über dich gehört
  b) Verben, die einen geistigen Vorgang oder
Zustand beschreiben: to know, to mean, to
remember, to realize, to recognize, to understand
  c) MODALVERBEN und Verben, die ein 'Wollen'
ausdrücken (z.B. to want, to wish)
Ausnahme:
will you be wanting anything else?
  möchten Sie noch etwas?
  d) folgende Verben: to belong, to concern, to
consist of, to contain, to cost, to deserve, to lack, to
owe, to possess, to resemble
Ausnahme:
these electric fires are costing too much
  diese elektrischen Heizgeräte sind zu teuer
  im Verbrauch

....

Verneinung

1. mit **not**

'Not' (deutsch 'nicht') steht hinter den Verben TO
BE und TO HAVE, hinter MODALVERBEN sowie
hinter dem jeweiligen Hilfsverb bei
zusammengesetzten Verbformen; bei den
einfachen Zeitformen des Präsens oder
Präteritums eines Verbs wird die Verneinung mit
TO DO gebildet, das als verneintes Hilfsverb vor
das Verb tritt; **do not/does not** beim Präsens, **did
not** beim Präteritum. Die Kurzform von 'not' ist
-n't, das sich als Endung an das jeweilige Verb
oder Hilfsverb anschließt.

Bei der Verneinung des Infinitivs, des
Gerundiums und des Partizips tritt 'not' vor die
jeweilige Form; eine Kurzform ist hier nicht
möglich:

> **you shouldn't read so many comics**
>> du solltest nicht so viele Comics lesen
>
> **life isn't easy**
>> das Leben ist nicht einfach
>
> **he hasn't turned up yet**
>> er ist noch nicht aufgetaucht
>
> **I don't smoke**
>> ich bin Nichtraucher
>
> **he didn't understand me at all**
>> er hat mich überhaupt nicht verstanden
>
> **do not feed the animals**
>> Füttern der Tiere verboten
>
> **I prefer not to go**
>> ich ziehe es vor, nicht zu gehen
>
> **he insisted on his name not being
> mentioned in the article** er bestand
>> darauf, daß sein Name in dem Artikel nicht
>> genannt wurde

2. mit **neither** und **nor**

'Neither' und 'nor' verkürzen einen Satz, der sich
auf einen vorangehenden verneinten Satz bezieht
(deutsch 'auch nicht'). Der Satz mit 'neither' oder
'nor' hat folgende Wortstellung:

I don't like classical music – neither do I
ich mag klassische Musik nicht – ich auch
nicht
he isn't good at maths – nor is she
er ist nicht gut in Mathe – sie auch nicht
**Paul didn't get anything done yesterday
– nor did Alan** Paul hat gestern nichts
zuwege gebracht – Alan auch nicht

viel s. MUCH

viele s. MANY

vollendete Gegenwart s. PERFEKT

vollendete Vergangenheit s.
PLUSQUAMPERFEKT

vollendete Zukunft s. FUTUR II

Vorvergangenheit s. PLUSQUAMPERFEKT

während hat im Englischen zwei
Entsprechungen:
1. **during**, Präposition:
**I went to London twice during my stay in
England** während meines Aufenthaltes in
England war ich zweimal in London
2. **while**, Konjunktion:
**I went to London twice while I was in
England** während ich in England war, bin
ich zweimal nach London gefahren

we s. PERSONALPRONOMEN

what Fragewort, deutsch 'was', s. FRAGEN 1

when Fragewort 'wann' oder Konjunktion 'als',
'wenn'. Folgender Unterschied zwischen 'when'
und 'if' ist zu beachten:
tell him to come when you see him
sag ihm, er soll kommen, wenn du ihn
siehst (*der Sprecher geht davon aus, daß
der Angesprochene den Betreffenden
tatsächlich sehen wird*)

tell him to come if you see him
> sag ihm, er soll kommen, wenn (falls) du ihn siehst *(der Sprecher läßt es offen, ob der Angesprochene den Betreffenden tatsächlich sehen wird)*

where Fragewort 'wo?', 'wohin?' oder in Relativsätzen 'in dem', 'in der', s. RELATIVSÄTZE I 5

whether=if, s. IF 2

which Fragewort 'welcher', s. FRAGEN 1 oder Relativpronomen, s. RELATIVSÄTZE I 1b

while s. WÄHREND

who Fragewort 'wer', s. FRAGEN 2, oder Relativpronomen, s. RELATIVSÄTZE I 1a

whom Objektform von WHO

whose Genitiv von WHO

will, would MODALVERB

◆I *will*
Funktionen und Bedeutungen von 'will', verneint 'will not' (Kurzform 'won't')
1. Bildung des FUTURS
2. Bitte:
   will you help me?
   > hilf mir doch
   will you send it back please?
   > schicken Sie es bitte zurück
3. Aufforderung:
   will you shut up!
   > hältst du jetzt deinen Mund!
4. Ausdruck der Weigerung in der Gegenwart, nur in der verneinten Form ('nicht wollen'):
   he won't wear a tie
   > er will keine Krawatte tragen
   I will not tolerate this!
   > das laß' ich mir nicht bieten!
5. Ausdruck einer Gewohnheit in der Gegenwart:

**he will normally have a drink after work
on Fridays** normalerweise geht er freitags
nach der Arbeit einen trinken
**well, if you will leave the lights on all
night ...** tja, wenn du die ganze Nacht das
Licht anläßt, ...
6. Ausdruck der Funktionsfähigkeit in der
Gegenwart:
the car won't start
das Auto springt einfach nicht an
will it start now?
springt es jetzt an?
7. 'will' entspricht deutschem Präsens:
OK, I'll wait
OK, ich warte
I'll be right back
ich bin gleich wieder da
s. auch ZUKUNFT

◆ II *would*
Funktionen und Bedeutungen von 'would',
verneint 'would not' (Kurzform 'wouldn't')
1. Bildung des KONDITIONALS
2. höfliche Bitten in Frageform (deutsch
'würde'):
would you please help me?
würden Sie mir bitte helfen?
you wouldn't have a light, would you?
Sie haben nicht zufällig Feuer?
3. Futur in INDIREKTER REDE
4. Ausdruck einer Weigerung in der
Vergangenheit, nur in verneinter Form (vgl. I 3):
he wouldn't wear a tie
er wollte keine Krawatte tragen
5. Ausdruck einer Gewohnheit in der
Vergangenheit (kann im Deutschen, mit 'pflegte'
übersetzt werden):
**when they lived in the country, they
would go for a walk every evening**
als sie auf dem Land wohnten, gingen sie
jeden Abend spazieren

6. Ausdruck der Funktionsfähigkeit in der Vergangenheit (vgl. I 5):
  the car wouldn't start
    das Auto sprang einfach nicht an
7. Ausdruck der Verärgerung, keine Kurzform:
  you would have to say that, wouldn't you!
    das mußtest du ja sagen!
  it would have to happen right now!
    das mußte ausgerechnet jetzt passieren!

without Präposition, deutsch 'ohne', vor Gerundialkonstruktion 'ohne zu', s GERUNDIUM II 4

Wochentage werden im Englischen groß geschrieben. Der deutschen Konstruktion 'am+Wochentag' entspricht im Englischen 'on+Wochentag' (ohne Artikel!):

Monday	Friday
Tuesday	Saturday
Wednesday	Sunday
Thursday	

what day is it today?
  welchen Wochentag haben wir heute?
it's Friday today
  heute ist Freitag
on Thursday
  am Donnerstag
on Tuesdays I go swimming
  dienstags gehe ich schwimmen
I'm seeing him (on) Thursday
  ich treffe ihn (am) Donnerstag
a week on Saturday oder **Saturday week**
  Samstag in acht Tagen

won't KURZFORM VON WILL

Wortstellung *(word order)* Das Grundmuster der englischen Wortstellung ist Subjekt – Prädikat (Verb)

◆ I *Die normale Wortstellung:*
  milk keeps
    Milch hält sich

the Saints won
>die Saints haben gewonnen

Danach folgen etwaige Ergänzungen zum
Verb: prädikative Ergänzungen oder ein Objekt:

milk keeps fresh
>Milch hält sich frisch

the Saints won the match
>die Saints haben das Spiel gewonnen

Zum Schluß kommen ggf. noch adverbiale
Ergänzungen. Näheres hierzu s. auch ADVERBIALE
BESTIMMUNGEN DES ORTES UND DER ZEIT und
ADVERB III):

milk keeps fresh in the fridge
>Milch hält sich im Kühlschrank frisch

**the Saints won the match against
Manchester United**
>die Saints haben das Spiel gegen
>Manchester United gewonnen

Ausnahmen, in denen das Objekt zwischen
Teile des Prädikats tritt, gibt es bei
VERB-ADVERB-VERBINDUNGEN.

Die Wortstellung Subjekt – Prädikat –
prädikative Ergänzung/Objekt gilt sowohl für
Haupt- als auch für Nebensätze:

**he had a test-drive before he bought the
car** er machte eine Probefahrt, bevor er das
Auto kaufte

◆ II *Inversion*

Unter Inversion versteht man die Umstellung
von Subjekt und Verb. Sie erfolgt:

1. bei direkten Fragen, s. FRAGEN II
2. nach **neither/nor**, s. VERNEINUNG 2, und nach
verneinten adverbialen Bestimmungen am
Satzanfang. Hier vertauscht nur das Hilfsverb
seinen Platz mit dem Subjekt, während das
Vollverb seine Position beibehält. Bei den nicht
zusammengesetzten Formen des Präsens und
Präteritums treten 'do/does' bzw. 'did' als
Hilfsverben ein:

under no circumstances will he sell his house unter keinen Umständen wird er sein Haus verkaufen

never before had he seen such a beautiful woman nie zuvor hatte er eine so schöne Frau gesehen

no sooner had I said that when ... ich hatte es gerade gesagt, als ...

not only are they very expensive but ... sie sind nicht nur sehr teuer, sondern ...

3. nach **here** und **there**. Das Verb steht in der Regel im Präsens, kein Hilfsverb ist für die Inversion erforderlich:

here comes the bus da kommt der Bus

there goes our train da fährt unser Zug

4. nach der direkten Rede (aber nicht erforderlich hier):

'I saw him yesterday morning', said Brian 'Ich habe ihn gestern vormittag gesehen', sagte Brian

'have you brought the beer?', asked Peter 'Hast du das Bier mitgebracht?', fragte Peter

5. nach **hardly** und **scarcely**:

scarcely had she left the room when ... kaum hatte sie das Zimmer verlassen, als ...

would s. WILL II

wouldn't KURZFORM von 'would not', s. WILL II

Wunschsätze werden mit 'to wish' und ''d rather' gebildet. Bezieht sich der Wunsch auf etwas Gegenwärtiges, so steht im folgenden Nebensatz das Präteritum, bezieht er sich auf etwas Vergangenes, so steht das Plusquamperfekt. Statt 'was' kann in der 1. und 3. Person auch der Konjunktiv 'were' stehen. Im

Deutschen steht der Konjunktiv:
> **I wish I was (were) rich**
> ich wünschte, ich wäre reich
> **I'd rather you didn't come**
> mir wäre es lieber, wenn du nicht kämest
> **I wish I'd never met him**
> ich wünschte, ich wäre ihm nie begegnet

yet s. NOCH 2

you s. PERSONALPRONOMEN

your s. POSSESSIVPRONOMEN I

yours s. POSSESSIVPRONOMEN II

Zahlwörter

1. Grundzahlen:

1	one	16	sixteen
2	two	17	seventeen
3	three	18	eighteen
4	four	19	nineteen
5	five	20	twenty
6	six	21	twenty-one
7	seven	22	twenty-two
8	eight	30	thirty
9	nine	40	forty
10	ten	50	fifty
11	eleven	60	sixty
12	twelve	70	seventy
13	thirteen	80	eighty
14	fourteen	90	ninety
15	fifteen	100	a hundred/one hundred

101	a hundred and one/one hundred and one
200	two hundred
1,000	a thousand/one thousand
1,001	a thousand and one/one thousand and one
2,000	two thousand
2,266	two thousand two hundred and sixty-six
1,000,000	a million/one million

Die Ziffer '0' wird im britischen Englisch wie der Buchstabe **O** oder **nought** [nɔːt] ausgesprochen, im Amerikanischen entspricht ihr das Wort **zero**. 'Zero' bezeichnet außerdem sowohl im britischen als auch im amerikanischen Englisch die *Zahl* 0:

> **the temperature was 10° centigrade below zero**
> die Temperatur war 10°C unter Null
> **zero growth**
> Nullwachstum

Neben **a hundred, a thousand, a million** ist auch **one hundred, one thousand, one million** möglich. 'A' ist gebräuchlicher als 'one', insbesondere bei runden Zahlen.

2. Ordnungszahlen:

1st	first	5th	fifth
2nd	second	20th	twentieth
3rd	third	33rd	thirty-third
4th	fourth	100th	hundredth

Die Endung **-ly** bei einer Ordnungszahl (firstly, secondly, thirdly etc.) entspricht in der Aufzählung der deutschen Endung '-ens' (erstens, zweitens, drittens etc.).

Anwendungsbeispiele:

> **he came third in the 5,000 metres race**
> er belegte den dritten Platz im 5000-Meter-Rennen
> **she saw him that day for the first and last time**
> sie sah ihn an jenem Tage zum ersten und zum letzten Mal
> **Queen Elizabeth II (the Second)**
> Königin Elisabeth II. (die Zweite)
> **Pope John Paul II (the Second)**
> Papst Johannes Paul II. (der Zweite)

3. Bruchzahlen:

$\frac{1}{2}$	a half (one half)	$\frac{2}{3}$	two thirds
$\frac{1}{3}$	a third (one third)	$\frac{3}{4}$	three quarters
$\frac{1}{4}$	a quarter (one quarter)	$\frac{3}{5}$	three fifths
$\frac{1}{5}$	a fifth (one fifth)	$1\frac{1}{2}$	one and a half

'A' ist wesentlich gebräuchlicher als 'one'. Bei $\frac{1}{2}$ wird der Zähler nur bezeichnet, wenn es sich um eine isolierte Bruchzahl handelt:

> **a half is bigger than a third**
>> ein Halb ist größer als ein Drittel

Ansonsten steht 'half' ohne 'a' oder 'one':

> **only half the group were present**
>> nur die Hälfte der Gruppe war da
>
> **half a dozen**
>> ein halbes Dutzend
>
> **half a pound of mushrooms**
>> ein halbes Pfund Pilze
>
> **I only saw them half an hour ago**
>> ich habe sie noch vor einer halben Stunde gesehen

Anders als bei 'half' folgt auf die anderen Bruchzahlen 'of', wenn sie mit einer Mengenangabe verbunden sind:

> **give me three quarters of a pound**
>> geben Sie mir ein dreiviertel Pfund
>
> **they had to wait for a quarter of an hour**
>> sie mußten eine Viertelstunde warten

Bei gemischten Zahlen wird die ganze Zahl durch **and** mit dem Bruch verbunden:

> **the tank holds ten and a half gallons of petrol** der Tank faßt zehneinhalb Gallonen Benzin

4. Dezimalzahlen:

2.5	two point five
75.2	seventy-five point two
0.25	nought/zero point two five

Zeichensetzung

1. im Gegensatz zum Deutschen steht das Komma:

a) zur Einleitung der direkten Rede:

> **she said, 'I'm going to bed now'**
>> sie sagte: 'Ich gehe jetzt schlafen'

b) nicht vor Konjunktionen, insbesondere nicht vor 'that':

it was so dark that I couldn't see anything
es war so dunkel, daß ich nichts sehen
konnte

c) nicht vor Infinitiven:

we are planning to go to Ireland this year
wir haben vor, dieses Jahr nach Irland zu
fahren

d) nicht vor und nach notwendigen
RELATIVSÄTZEN

2. nach dem Doppelpunkt wird immer klein
geschrieben:

**only one thing was wrong: the brakes
didn't work** die Sache hatte einen Haken:
Die Bremsen funktionierten nicht

Zeitangaben s. TAGES- UND UHRZEIT

Zeitwort s. VERB

Zukunft
Außer durch das FUTUR mit 'will' wird
die Zukunft noch durch 'to be going to', durch die
Verlaufsform des Präsens, durch 'to be about to'
und 'to be likely to' ausgedrückt. Dabei ergeben
sich jeweils Bedeutungsschattierungen.

◆ I *Zukunft vom Standpunkt der Gegenwart*

1. 'will'-Futur und 'to be going to' können oft
austauschbar verwendet werden:

if I don't hurry I'm going to be late *oder* **I'll
be late** wenn ich mich nicht beeile, komme
ich zu spät

Es kann aber Unterschiede geben. Als
allgemeine Richtlinien gelten:

will-Futur	*to be going to*
einfache Tatsache oder Vermutung	zukünftiges Ereignis, das sich bereits in der Gegenwart abzeichnet ('es sieht ganz danach aus')
spontaner Entschluß, meist in der 1. Person	Absicht, Plan; kann auch mit 'wollen' übersetzt werden

**they are going to put the clocks forward
soon and then it will get dark earlier in
the evening** bald werden die Uhren
vorgestellt (*es ist geplant*), es wird dann
abends früher dunkel (*Tatsache*)
**she hasn't phoned this morning, I
suppose she'll phone tonight** sie hat
heute morgen nicht angerufen, ich nehme
an, daß sie heute abend anruft
(*Vermutung*)
**I'm waiting for a phone call, Pam is going
to phone tonight** ich warte auf einen
Anruf, Pam wird (will) heute abend
anrufen (*geplant, angekündigt*)
**she's looking up the phone number, she's
going to phone now** sie schlägt die
Telefonnummer nach (*sicheres Anzeichen*),
sie wird jetzt telefonieren
**look at those clouds, it's going to rain this
afternoon** schau dir die Wolken an, heute
nachmittag wird es regnen (*sicheres
Anzeichen*)
**we're going to wallpaper the bedroom
tomorrow – I'll help you** morgen
tapezieren wir das Schlafzimmer (*Plan*) –
ich helf' euch dabei (*spontaner Entschluß*)
OK, I'll think about it
OK, ich überleg' es mir
OK, I said I'm going to think about it *oder* **I
said I'll think about it** (*betont*)
OK, ich habe gesagt, ich überleg' es mir
2. die Verlaufsform des Präsens drückt eine
feste Absicht oder Vereinbarung aus. Sie ist
immer mit einer Zeitangabe verbunden, die
deutlich macht, daß es sich um etwas Zukünftiges
handelt, oder es ergibt sich aus dem Kontext:
I'm going to Bristol tomorrow
morgen fahre ich nach Bristol
he's leaving for New York on Thursday
am Donnerstag reist er nach New York ab

I'm having chicken for dinner
ich esse heute abend Hähnchen
they're getting married next week
nächste Woche heiraten sie
Bei 'to leave' kann statt der Verlaufsform des
Präsens auch das einfache Präsens zur
Bezeichnung der Zukunft stehen, wenn es sich bei
der Handlung um eine feste Absicht handelt:
he leaves for New York on Thursday
am Donnerstag reist er nach New York ab
3. 'to be likely to' drückt eine wahrscheinliche
Handlung in der Zukunft aus (deutsch 'wird
wahrscheinlich'):
he's not likely to get the job
er wird die Stelle wahrscheinlich nicht
bekommen

◆ II *Zukunft vom Standpunkt der Vergangenheit*
1. die dem will-Futur entsprechende Form der
Vergangenheit wird durch **would+Infinitiv**
ausgedrückt (deutsch 'würde'):
**he didn't know that he would lose all his
money** er wußte nicht, daß er sein ganzes
Geld verlieren würde
2. die übrigen unter I aufgeführten
Zukunftsformen werden durch das Präteritum
von 'to be' (statt des Präsens) ausgedrückt. 'To be
going to' kann auch mit 'wollte' übersetzt werden:
**I was going to phone you, but something
came up** ich wollte dich anrufen, aber es
ist etwas dazwischengekommen
3. 'to be about to' drückt die unmittelbare
Zukunft aus (deutsch 'im Begriff sein zu'):
**we were about to leave when Charles
suddenly turned up**
wir waren gerade im Begriff zu gehen, als
Charles plötzlich auftauchte